考古与地理信息系统

刘建国 著

科 学 出 版 社
北 京

内 容 简 介

本书首先对地理信息系统方面的基本理论、方法和技术进行了详细的阐述和介绍。同时结合山西省临汾盆地，河南省洛阳盆地、洹河流域，陕西省七星河与美阳河流域等区域考古调查、地形、水文、遥感影像等信息，应用地理信息系统技术，分别建立各区域的聚落考古信息系统。然后运用 GIS 的空间分析功能，研究聚落分布与局部地区自然环境的关系即不同时期的人地关系，揭示很多被传统考古学研究方法所忽略的信息和认识，探索考古研究中 GIS 技术的应用理论与方法。

本书适合考古学、地理学等专业的师生和研究人员参考、阅读。

图书在版编目（CIP）数据

考古与地理信息系统／刘建国著．—北京：科学出版社，2007
ISBN 978-7-03-020263-5

Ⅰ.考⋯ Ⅱ.刘⋯ Ⅲ.考古－地理信息系统 Ⅳ.K85 P208

中国版本图书馆 CIP 数据核字（2007）第 169088 号

责任编辑：闫向东　张亚娜／责任校对：张怡君
责任印制：赵德静／封面设计：王　浩

科 学 出 版 社 出版
北京东黄城根北街16号
邮政编码：100717
http://www.sciencep.com

中国科学院印刷厂印刷
科学出版社发行　各地新华书店经销

*

2007年11月第 一 版　开本：720×1000 B5
2007年11月第一次印刷　印张：10 3/4
印数：1—3 000　字数：195 000

定价：46.00 元
（如有印装质量问题，我社负责调换〈科印〉）

本书的编著和相关研究受到科技部"十一五"国家科技支撑计划"中华文明探源工程（二）"中"3500BC—1500BC中华文明形成与早期发展阶段的社会与精神文化研究"课题的资助，课题批准号为**2006BAK21B00**

序

建国兄大作《考古与地理信息系统》一书即将出版，嘱我为之作序，真是深感惶恐，屡屡推辞，终未获准。通观当今之著述，作序之人不是位高权重，就是名家权威。序的本意要么借重名家的评价、推介，要么由权威从宏观或微观角度来评述著作内容的背景、成就和价值，等等。从这些方面讲，我都自忖难以胜任。不过，作为建国兄多年的朋友和相关研究项目的合作者，以及GIS技术的使用者，就他的研究成果及其价值粗浅地谈一些自己的感受和认识还是自认为勉力可为，也属当仁不让。

建国兄自1989年从武汉测绘科技大学毕业到我所工作，我们就一直共事。相处多年，我感受最深的就是他细致、认真、严谨的工作作风以及刚正不阿、有话直说的为人处世原则。多年以来，我们一直友情甚笃，多半也缘于彼此在做事、为人上的相契。他从测绘与遥感专业毕业，考古测绘与遥感对他来说是驾轻就熟，但他并不以此为满足，而是不断探索、尝试，将高新科技的地理信息系统引入考古学研究，开创考古地理信息系统研究的新路。在年近不惑之年，又发奋攻读博士学位，跟进科技发展的最新成果。这些都是我自愧不如的。本书正是他在考古地理信息研究方面多年探索的成果。

中国考古学在学术界是一门既古老又年轻的学科，它的对象是我们久远的过去，古老而神秘；但考古学的引进和发展在中国却是20世纪初以来的事情，是一门年轻的学科。考古学的出现是近代科学思潮的产物，它的基本方法——地层学、类型学来源于其他学科。现在越来越多的新兴学科和各种科技手段不断被考古学吸收，多学科结合正成为考古学发展的新方向，方兴未艾。这一趋势中很重要的一个方面就是信息化、数字化技术和地理信息系统。传统的手工记录方式和重在分期与单个遗存性质的研究正在被全方位的数字化信息采录方式和注重空间关系分析的研究所代替。地理信息系统和聚落考古是这一趋势的具体表现，两者密不可分，互为支持。

就我个人的理解和体会，我认为地理信息系统在考古学研究中至少可以发挥以下两大方面的功用：

首先，考古资料信息的收集、记录和管理。传统的资料信息收集、记录主要依赖手工绘图、记录，由于因人而异，详略不同，标准不一致，且因人员更替，同一遗址的不同时期、不同发掘者经手的资料之间往往缺乏连贯性和整体性，难以整合，支离破碎。另外，各重要考古发现发表的资料都是经过发掘者、整理者的选择、归类和编写，往往不能反映考古发现的全部，造成古代历史信息的再次"损失"。当然，从现有条件看，将所有考古过程、记录事无巨细地全部出版发表，仿佛流水账一样，也是不现实的。那么，我们如何解决这一问题呢？我认为地理信息系统在这方面可以发挥它的巨大潜力。如果建立一套中国考古学界的信息采集、数字化的基本规范，我们就可以建立全国、区域、遗址和各种遗迹、遗物的几级信息存储、管理体系，将各层次的不同时期、不同类型的文化遗产和考古信息数字化，全部纳入到一个体系中，每一个次一级单元都是上一级体系的一部分，最终形成统一的全国性的文化遗产信息网络。每一次的考古工作实行全程数字化记录，并及时地输入全国文化遗产信息网络中，供大家查阅。如果这一设想能够实现，无疑将为文化遗产的资料信息管理和文物考古学研究提供非常有效而便捷的服务，而现在的科技能力使我们完全能做到这一点，只要我们有决心。现在，随着电子全站仪、数码相机、摄像机、便携式计算机等设备的普及，一些考古单位已开始要求发掘过程全程记录和数字化，但全面系统的数字化和各层级地理信息系统建设尚处在探索之中。从这一方面讲，建国兄的工作对此不无裨益。过去，我与建国兄曾就周原的部分发掘资料尝试性地建立过周原遗址地理信息系统。在这一过程中，我感到这种思路确是可行而方便实用的，但由于经费等原因，未能继续下去。

其次，利用地理信息系统研究一个区域内不同时期环境的变化、聚落与人口的变迁、聚落布局与环境（包括地貌、气候、物产、交通等）的关系、聚落之间的关系和聚落内各种遗存之间的关系，及由这种关系所反映的古代社会结构、人际关系等等，这些往往是传统的考古学方法做起来很困难，或者其视野难以达到的。地理信息系统可以拓展考古学研究的思路和视野，提供一种有效的区域研究的手段。建国兄在书中所举的临汾盆地、洛阳盆地、洹河流域、周原地区七星河、美阳河流域研究都是这方面的典型例证，得出了超出传统研究的一些新认识。就我所参与的七星河、美阳河流域区域调查和地理信息系统研究案例来说，我认为它成功地展示了七星河与美阳河两个相邻流域古代聚落分布的巨大差异，揭示了古代人、地之间的密切关系，即环境对人类居住模式的影响，以及历史上河流状况的变化，为周原考古中的这一重要课题提供了令人信服的答案。

地理信息系统向我们显示了它的巨大潜力和诱人的前景，但它毕竟是一门进入考古学不久的新科技、新手段，大量的基础工作要从头做起，大量的旧资料信息要进行数字化处理，许多现象的解释要建立相应的理论模式，关注地理信息系统的意识要在考古学界宣传、推广等等，任重而道远。正因为如此，建国兄的这本大作出版适逢其时。客观地说，书中的诸多内容是原理介绍，许多成果尚显粗疏，但它向考古学界展示了考古地理信息系统的可行性、价值和潜力。

我真诚地希望本书能推动地理信息系统在考古学中的广泛应用，也相信这本书只是考古地理信息系统研究的一个良好开端。

徐良高
2007年8月30日

目　　录

序 ·· 徐良高（i）
第一章　绪论 ··（1）
　1.1　概述 ··（1）
　1.2　地理信息系统发展简史 ··（2）
　1.3　考古 GIS 研究的必要性与可行性 ··（5）
　1.4　考古 GIS 研究进展 ··（6）
第二章　基本概念与相关理论 ··（11）
　2.1　基本概念 ··（11）
　2.2　GIS 的类型 ···（14）
　2.3　空间和地理空间 ··（15）
　2.4　空间数据的特点 ··（16）
　2.5　空间数据的结构 ··（18）
　2.6　GIS 与 SPS、遥感等技术的集成 ··（25）
　2.7　GIS 发展动态 ··（28）
第三章　空间数据采集与处理 ··（32）
　3.1　地图、地形数据 ··（32）
　3.2　遥感影像数据 ···（40）
　3.3　属性数据 ··（43）
　3.4　元数据 ··（44）
　3.5　空间数据的分层 ··（45）
　3.6　考古发掘中 GIS 的建设 ··（47）
第四章　空间分析技术 ··（49）
　4.1　空间分析概述 ···（49）
　4.2　空间数据的量算 ··（50）
　4.3　空间数据的查询 ··（50）
　4.4　叠置分析 ··（52）
　4.5　邻域分析 ··（56）
　4.6　空间网络分析 ···（59）
　4.7　空间密度分析 ···（61）

4.8　空间统计分析 ···(62)
　　4.9　空间变换 ···(63)
　　4.10　再分类 ··(64)
第五章　**DEM 与地形分析** ··(66)
　　5.1　数字高程模型 ··(66)
　　5.2　DEM 数据源的获取 ··(72)
　　5.3　数字地形分析 ··(74)
　　5.4　水文分析 ···(76)
　　5.5　空间信息的可视化 ··(81)
第六章　**考古 GIS 研究** ··(86)
　　6.1　临汾盆地聚落考古研究 ··(87)
　　6.2　洛阳盆地聚落考古研究 ··(99)
　　6.3　洹河流域聚落考古研究 ··(110)
　　6.4　七星河、美阳河流域聚落考古研究 ··(113)
　　6.5　考古学文化演变的原因分析 ··(122)
　　6.6　考古 GIS 研究的展望 ···(125)
第七章　**常用 GIS 软件简介** ··(127)
　　7.1　SuperMap GIS 软件简介 ··(127)
　　7.2　ArcGIS 9 中 ArcView 软件简介 ··(137)
参考文献 ···(152)
后记 ···(154)

插 图 目 录

图 2.1　栅格数据与矢量数据模型⋯⋯⋯⋯⋯⋯⋯⋯⋯⋯⋯⋯⋯⋯⋯⋯（18）
图 2.2　点之间拓扑关系（连通性）的描述及连通矩阵⋯⋯⋯⋯⋯⋯（21）
图 2.3　面之间拓扑关系（连通性）的描述及连通矩阵⋯⋯⋯⋯⋯⋯（21）
图 2.4　栅格数据的邻域⋯⋯⋯⋯⋯⋯⋯⋯⋯⋯⋯⋯⋯⋯⋯⋯⋯⋯（23）
图 3.1　6°投影带及其中央子午线经度⋯⋯⋯⋯⋯⋯⋯⋯⋯⋯⋯⋯（34）
图 3.2　高斯投影模型⋯⋯⋯⋯⋯⋯⋯⋯⋯⋯⋯⋯⋯⋯⋯⋯⋯⋯⋯（35）
图 3.3　投影坐标系⋯⋯⋯⋯⋯⋯⋯⋯⋯⋯⋯⋯⋯⋯⋯⋯⋯⋯⋯⋯（35）
图 3.4　1980 西安坐标系 1∶5 万比例尺的标准分幅地形图图框⋯⋯（36）
图 3.5　地形图进行色彩调整前后的局部效果⋯⋯⋯⋯⋯⋯⋯⋯⋯（38）
图 3.6　地形图数字化后生成的矢量要素⋯⋯⋯⋯⋯⋯⋯⋯⋯⋯⋯（39）
图 3.7　影像纠正原理⋯⋯⋯⋯⋯⋯⋯⋯⋯⋯⋯⋯⋯⋯⋯⋯⋯⋯⋯（41）
图 3.8　影像纠正时选择控制点的情况⋯⋯⋯⋯⋯⋯⋯⋯⋯⋯⋯⋯（42）
图 3.9　航空影像与卫星影像合成前后的效果⋯⋯⋯⋯⋯⋯⋯⋯⋯（42）
图 3.10　临汾盆地聚落 GIS 项目的数据结构⋯⋯⋯⋯⋯⋯⋯⋯⋯⋯（46）
图 3.11　田野考古发掘 GIS 系统⋯⋯⋯⋯⋯⋯⋯⋯⋯⋯⋯⋯⋯⋯⋯（48）
图 4.1　聚落属性的查询⋯⋯⋯⋯⋯⋯⋯⋯⋯⋯⋯⋯⋯⋯⋯⋯⋯⋯（51）
图 4.2　空间数据的叠置⋯⋯⋯⋯⋯⋯⋯⋯⋯⋯⋯⋯⋯⋯⋯⋯⋯⋯（53）
图 4.3　十三陵的 DEM 与陵墓图层叠置生成的立体专题图⋯⋯⋯⋯（55）
图 4.4　点、线和多边形的缓冲区⋯⋯⋯⋯⋯⋯⋯⋯⋯⋯⋯⋯⋯⋯（57）
图 4.5　边界相交的缓冲区⋯⋯⋯⋯⋯⋯⋯⋯⋯⋯⋯⋯⋯⋯⋯⋯⋯（57）
图 4.6　河流缓冲区与聚落分布图⋯⋯⋯⋯⋯⋯⋯⋯⋯⋯⋯⋯⋯⋯（58）
图 4.7　泰森多边形的结构⋯⋯⋯⋯⋯⋯⋯⋯⋯⋯⋯⋯⋯⋯⋯⋯⋯（59）
图 4.8　多边形的合并⋯⋯⋯⋯⋯⋯⋯⋯⋯⋯⋯⋯⋯⋯⋯⋯⋯⋯⋯（65）
图 5.1　规则格网模型⋯⋯⋯⋯⋯⋯⋯⋯⋯⋯⋯⋯⋯⋯⋯⋯⋯⋯⋯（67）
图 5.2　不规则三角网模型⋯⋯⋯⋯⋯⋯⋯⋯⋯⋯⋯⋯⋯⋯⋯⋯⋯（69）
图 5.3　等高线模型⋯⋯⋯⋯⋯⋯⋯⋯⋯⋯⋯⋯⋯⋯⋯⋯⋯⋯⋯⋯（70）
图 5.4　Delaunay 三角网⋯⋯⋯⋯⋯⋯⋯⋯⋯⋯⋯⋯⋯⋯⋯⋯⋯⋯（71）
图 5.5　添加辅助等高线前、后生成的三角网模型⋯⋯⋯⋯⋯⋯⋯（71）
图 5.6　佛像的立体透视图⋯⋯⋯⋯⋯⋯⋯⋯⋯⋯⋯⋯⋯⋯⋯⋯⋯（74）

图5.7	地面坡度示意图	(75)
图5.8	地面坡向分布图	(75)
图5.9	可视性示意图	(76)
图5.10	水流方向编码	(77)
图5.11	水流方向图	(77)
图5.12	矢量河网图	(79)
图5.13	河网与流域图	(80)
图5.14	十三陵的三维影像图	(84)
图6.1	中国地势、气候区的划分与研究区域的位置	(86)
图6.2	临汾盆地的三维影像图（由南向北）	(88)
图6.3	临汾盆地各时期聚落分布与本区域研究范围	(89)
图6.4	龙山时期聚落分布图	(91)
图6.5	商代聚落分布图	(91)
图6.6	河流缓冲区与聚落分布	(92)
图6.7	地面坡度与聚落分布	(93)
图6.8	地面朝向与聚落分布图	(94)
图6.9	龙山时期陶寺遗址的可视域	(95)
图6.10	陶寺遗址内另一位置的可视域	(96)
图6.11	集水盆地与聚落分布关系图	(97)
图6.12	洛阳盆地的三维影像图（由北向南）	(100)
图6.13	洛阳盆地与本项目研究范围	(101)
图6.14	各时期聚落分布图	(103)
图6.15	洛河故道与局部区域的聚落分布	(104)
图6.16	河流缓冲区与各时期聚落分布	(105)
图6.17	河道演变示意图	(105)
图6.18	地面坡度与各时期聚落分布	(106)
图6.19	集水盆地与各时期聚落分布	(108)
图6.20	洛阳盆地中从圜丘遗址建立的可视域	(109)
图6.21	洹河流域的三维影像图（由北向南）	(110)
图6.22	洹河流域仰韶至西周时期遗址分布图	(111)
图6.23	洹河流域东周时期遗址分布图	(111)
图6.24	七星河、美阳河流域的三维影像图（由南向北）	(113)
图6.25	七星河、美阳河流域的调查范围	(114)

图 6.26	河流缓冲区与仰韶、龙山、夏至早商的聚落分布图 …………	（116）
图 6.27	河流缓冲区与中晚商、西周时期的聚落分布图 ……………	（116）
图 6.28	河流缓冲区与西周时期的聚落分布图 ……………………	（117）
图 6.29	研究区域内局部流域的划分与数字地面模型 ……………	（118）
图 6.30	研究区域内的三维模型 ……………………………………	（119）
图 6.31	七星河支流与美阳河之间的古河道 ……………………	（120）
图 6.32	美阳河河岸上的古河道断面 ……………………………	（120）
图 6.33	沣河上游的集水区域 ……………………………………	（121）
图 7.1	SuperMap GIS 5 桌面产品启动环境 ……………………	（129）
图 7.2	工作空间窗口 ……………………………………………	（130）
图 7.3	图例窗口 …………………………………………………	（131）
图 7.4	快速启动向导——工作空间 ……………………………	（134）
图 7.5	快速启动向导——符号库 ………………………………	（135）
图 7.6	快速启动向导——数据源 ………………………………	（136）
图 7.7	快速启动向导——数据集 ………………………………	（136）
图 7.8	ArcMap 窗口 ……………………………………………	（138）
图 7.9	ArcCatalog 窗口 …………………………………………	（143）
图 7.10	ArcToolbox 窗口 …………………………………………	（149）

第一章 绪 论

1.1 概 述

人类社会诞生于天地之间，受到自然环境的恩泽才得以发展壮大，人类的繁衍生息受到特定自然环境的严重制约，带有浓厚的地域特色。人地关系是人类诞生以来就客观存在的关系，属于人与自然关系的范畴，是指人类社会向前发展的过程中，人类为了生存的需要，不断地扩大和加深改造、利用地理环境，增强适应地理环境的能力，改变地理环境的面貌。同时地理环境也影响着人类活动，产生地域特征和地域差异（陈慧琳等，2001）。在人类社会发展之初，生产力水平非常低下，自然环境对人类社会的影响尤为明显。

考古学是根据古代人类通过各种活动遗留下来的实物以研究人类古代社会历史的一门科学，考古学研究的基础在于田野调查、发掘等工作（夏鼐等，2000）。随着考古学调查、发掘技术的提高及综合研究的深入，区域考古研究日益受到考古学家的重视。区域考古研究是以田野调查为基础，将古代遗址与其所处的环境一起进行综合研究，探讨当时人与环境的关系，研究古代文化发展的规律（科林·伦福儒等，2004）。

考古调查、发掘中发现的各种遗迹或遗物的时空分布情况是研究古代社会经济、文化与社会形态，保护重要文化遗产的基本信息。同时，调查与发掘中获得的资料都具有空间属性。一个考古遗址的位置和范围可以通过空间数据来表示，考古遗址内的遗迹、现象乃至一件器物或陶片都是在特定探方中特定位置上，可以用准确的数据来表示各自的空间位置。考古学研究的重要内容之一是通过各种遗迹和器物及其空间分布的状况来模拟和重建当时的社会、文化，并探讨历史演变过程。现代测绘与成图技术非常成熟，能够精确测绘各种考古遗迹、现象与遗物的空间位置，而且能够将各种数据输入到地理信息系统（GIS，Geographic Information System）中进行集成。GIS 技术是以地理空间数据库为基础，在计算机软件和硬件的支持下，运用系统工程和信息科学的理论，对整个或部分地球表面（包括大气层）与地理空间分布有关的数据进行采集、操作、分析、模拟和表达，为地理研究和地理决策服务提供多种空间地理信息的技术系统（陆守一，2004）。地理信息系统技术能够从考古遗迹、现象或遗物的空间位置出发，建立多种空间信息与属性信息并存的数据库和图形图像库，从而能够方便地进行分层或综合显示、查询、模拟各类数据信息，直观、简洁地复原当时的社会状况。

我国的考古学研究经历数十年的发展，积累了极为丰富的实物资料和各类文字记录，取得了丰硕的成果，为综合运用各种信息开展考古学研究奠定了雄厚的基础。面对信息时代的挑战，考古学研究应该充分发挥空间信息技术的优势，将考古遗址的测绘数据、勘探数据、遥感影像数据和调查、发掘、研究资料等输入到 GIS 之中（其中的遥感影像需要进行纠正和配准），建立考古 GIS 的信息系统，再运用 GIS 的强大功能对各种数据进行综合分析、模拟和集成研究，为考古学研究和遗址保护提供全面的资料和数据，建立考古现场三维模拟环境，在计算机上实现对考古现场情况的全方位观察。

区域考古调查材料能够反映典型区域不同时期古代聚落的分布与演变特征，结合地形、水文等信息，能够建立特定区域中古代聚落的 GIS 数据库，再运用 GIS 的距离分析、位置分析与建模、通视分析、坡度分析和水文分析等功能，揭示不同时期古代聚落的分布与自然环境的关系，探究特定区域中古代人类社会适应与改造自然环境的能力。

1.2 地理信息系统发展简史

1.2.1 国际上 GIS 的发展

GIS 是 20 世纪 60 年代中期开始发展起来的交叉学科，最初是为了解决地理问题，至今已成为一门涉及测绘科学、环境科学、计算机技术等多学科的交叉学科。1963 年加拿大测量学家 R. F. Tomlinson 首先提出地理信息系统一词，并建成世界上第一个 GIS（加拿大地理信息系统 CGIS），用于自然资源的管理和规划。不久，美国哈佛大学提出了较完整的系统软件 SYMAP。这应该是 GIS 的起步。进入 70 年代以后，由于计算机软硬件水平的提高，促使 GIS 朝着实用方向迅速发展，一些经济发达国家先后建立了许多专业性的 GIS，在自然资源管理和规划方面发挥了重大的作用。80 年代后兴起的计算机网络技术使地理信息的传输时效得到了极大的提高，GIS 的应用从基础信息管理与规划转向更复杂的实际应用，成为辅助决策的工具，并促进了地理信息产业的形成。到 1995 年，市场上有报价的 GIS 软件已达上千种，并且涌现出了一些有代表性的 GIS 软件。

地理信息系统的存在与发展历时40余年，综观GIS发展，并且根据北美地区的实际情况，可将地理信息系统的发展分为以下几个阶段：

1.2.1.1　20世纪60年代开拓阶段

20世纪60年代为地理信息系统开拓期，注重于空间数据的地学处理，初期地理信息系统发展的动力来自于诸多方面，如学术探讨、新技术的应用、大量空间数据处理的生产需求等。对于这个时期地理信息系统的发展来说，专家兴趣以及政府的推动起着积极的引导作用，并且大多地理信息系统工作限于政府及大学的范畴，国际交往甚少。

由于计算机硬件系统功能较弱，限制了软件技术的发展。这一时期地理信息系统软件的研制主要是针对具体的GIS应用进行的，到60年代末期，针对GIS一些具体功能的软件技术有了较大进展。

1.2.1.2　20世纪70年代巩固阶段

20世纪70年代为地理信息系统的巩固发展期，注重于空间地理信息的管理。计算机硬件和软件技术的飞速发展，尤其是大容量存取设备——硬盘的使用，为空间数据的录入、存储、检索和输出提供了强有力的手段。用户屏幕和图形、图像卡的发展增强了人机对话和高质量图形显示功能，促使GIS朝着使用方向迅速发展。一些发达国家先后建立了许多不同专题、不同规模、不同类型、各具特色的地理信息系统。但这一时期系统的数据分析能力仍然很弱，在GIS技术方面没有新的突破，系统的应用与开发多限于某个机构。专家个人的影响削弱，而政府影响增强。

1.2.1.3　20世纪80年代突破阶段

20世纪随着计算机软、硬件技术的发展和普及，地理信息系统也逐渐走向成熟。由于微机系统的软件环境限制较严，使得在微机GIS中发展的许多算法和软件技术具有很高的效率。这一时期是地理信息系统发展的重要时期，注重于空间决策的支持和分析，应用领域迅速扩大，从资源管理、环境规划到应急反应，从商业服务区域划分到政治选举分区等，涉及了许多的学科与领域，如古人类学、景观生态规划、森林管理、土木工程以及计算机科学等。许多国家制定了本国的地理信息发展规划，启动了若干科研项目，建立了一些政府性、学术性机构。这个时期地理信息系统发展最显著的特点是商业化实用系统进入市场。

1.2.1.4　20世纪90年代社会化阶段

随着地理信息产业的建立和数字化信息产品在全世界的普及，地理信息系统深入到各行各业乃至千家各户，成为人们生产、生活、学习和工作中不可缺少的工具和助手。一方面，地理信息系统已成为许多机构必备的工作系统，尤其是政府决策部门在一定程度上由于受地理信息系统影响而改变了现有机构的运行方式、设置与工作计划等。另一方面，社会对地理信息系统认识普遍提高，需求大幅度增加，从而导致地理信息系统应用的扩大与深化。国家级乃至全球性的地理信息系统已成为公众关注的问题。

1.2.2　中国 GIS 的发展

中国 GIS 的发展较晚，经历了起步（1970～1980）、准备（1980～1985）、发展（1985～1995）、产业化（1996年以后）四个阶段。现在，GIS 已在中国的很多部门和领域得到了广泛的应用，并引起了政府部门的高度重视。一批具有自主知识产权的 GIS 软件（如 GeoSTAR、SuperMap GIS、MapGIS、CityStar 等）已经研制开发成功，很多高等院校设立了一些与 GIS 有关的专业或学科，还有很多专门从事 GIS 产业活动的高新技术产业相继成立。此外，还成立了"中国 GIS 协会"和"中国 GIS 技术应用协会"等，并且经常召开 GIS 方面的学术研讨会。

中国地理信息系统方面的工作始于20世纪80年代初，以1980年中国科学院遥感应用研究所成立全国第一个地理信息系统研究室为标志。在几年的起步发展阶段中，中国地理信息系统在理论探索、硬件配置、软件研制、规范制订、区域试验研究、局部系统建立、初步应用试验和技术队伍培养等方面都取得了进步，积累了经验，为在全国范围内展开地理信息系统的研究和应用奠定了坚实的基础。

自1985年起，地理信息系统研究作为政府行为，正式列入中国国家科技攻关计划，开始了有计划、有组织、有目标的科学研究、应用实验和工程建设工作。很多高校和科研机构同时展开了地理信息系统研究与开发工作。如全国性地理信息系统（或数据库）实体建设、区域地理信息系统研究和建设、城市地理信息系统、地理信息系统基础软件或专题应用软件的研制和地理信息系统教育培训。通过近五年的努力，打开了地理信息系统应用的新局面，并在全国性应用、区域管理、规划和决策中产生了实际的效益。

20世纪90年代，地理信息系统跨入快速发展阶段。各相关部门执行地理信息系统和遥感联合科技攻关计划，强调地理信息系统的实用化、集成化和工程化，使地理信息系统从初步发展时期的研究实验、局部应用走向实用化和产业化，为国民经济重大问题提供分析和决策依据。同时努力实现基础环境数据库的建设，推进国产软件系统的实用化、遥感和地理信息系统技术的一体化。这一阶段经营地理信息系统业务的公司逐渐增多，投入不断增加，政府部门的扶持力度有很大程度的提高。

总之，中国地理信息系统事业经过二十多年的发展，取得了重大的进展。地理信息系统的研究和应用正逐步形成行业，具备了走向产业化的条件。

1.3 考古 GIS 研究的必要性与可行性

在 GIS 技术应用于考古学研究之前，传统考古调查和发掘中发现的各种遗迹或遗物的时空分布特征，都要测绘到遗址的遗迹分布图或者探方图上，作为研究古代社会经济、文化和社会形态的重要依据。一个考古遗址的调查和发掘，特别是对重要遗址的主动发掘，往往需要进行若干次阶段性发掘才能完成，时间上延续数年、数十年乃至上百年，具有一定的长期性，而且每次发掘的内容都应该及时补充到遗迹分布图中，或者重新测绘遗迹分布图，以便于考古研究工作顺利进行。所以遗址的调查、发掘资料除了发掘记录外，通常是每次田野工作结束时，需要在现有地图或实测图上进行补充和修正新的遗迹或现象，使一个遗址的各种资料逐渐增多，而且这些资料的记录格式和方式往往各不相同。单就图形资料而言，由于年代跨度很大，地图测绘人员的素质和使用的仪器差别很大，采用不同的地图坐标系，图形的比例尺和注记格式也往往不一样，而且这些图形通常又发表于不同的刊物、报告或专著之中。于是，对一个遗址内大量而重要的资料进行查询、收集、管理和综合研究时往往会显得非常麻烦，耗费大量的时间，而且很难将大量的资料综合在一起进行定性定量研究和三维空间模拟分析，资料的利用率很低。

更为严重的情况是由于不同年代测绘的地图坐标系不同，相互之间又缺少足够的匹配点，致使那些图形很难整合到一起，遗迹之间的相互关系往往很难确定。更有甚者，参与某次探方或墓葬发掘的人员，几年之后即便带上发掘地图，往往也很难在实地指出发掘点的准确位置，对于不同人员发掘的遗迹位置就更难精确定位了。为此，必须采用新的技术和手段，对考古调查与发掘的信息进行精确定位与全面记录，建立统一而详细的电子档案，为进一步的考古学研究奠定坚实的基础。

地理信息系统技术能够从考古遗迹或现象的空间位置出发,建立多种空间信息与属性信息并存的数据库和图形图像库,从而能够方便地进行显示、查询、统计、分析与模拟各类信息,直观、简洁地复原古代的社会状况。此外,区域考古调查、多年的考古发掘等现代考古学手段积累了丰富的考古空间信息,为区域考古或单个古城遗址等的 GIS 建设与研究准备了大量的素材,使 GIS 技术应用于我国考古学研究之中成为可能。

1.4　考古 GIS 研究进展

伴随着 GIS 技术的不断发展,考古研究中 GIS 技术的应用与研究也得到了足够的重视,并且取得了丰硕的成果,特别是 GIS 空间分析技术应用于区域考古研究之中,为现代区域考古学研究提供了一整套全新的方法和手段,拓展了考古学研究的领域。很多定期召开的考古界国际学术研讨会(如 World Congress of Archaeology,CAA-Computing Applications in Archaeology,Archaeometry)以及一些地区性考古学研究方面的年会等都将考古 GIS 研究作为独立的专题,让考古界的学者与 GIS 方面的专业人员一起进行交流和探讨,促进了考古研究中 GIS 技术的发展与理论的成熟。欧美有学者坚定地认为:如同 20 世纪 50 年代 ^{14}C 年代测定技术引入考古学研究一样,地理信息系统将为考古学家提供一套功能强大的研究工具,并将产生深远的影响(Wescott,2000)。

考古研究中 GIS 主要用于建立单个遗址、特定地域和国家级别的考古信息数据库。在单个遗址中,需要通过 GIS 对遗物、地形和其他特征的发掘、地面调查来收集资料进行管理、分析、模拟和研究。特定区域中可以充分运用 GIS 空间分析技术进行区域行为、土地利用、聚落选择和领地等方面的研究。众多区域考古 GIS 项目组成国家级别的文化资源信息库。

20 世纪 80 年代后期,随着商用 GIS 软件的迅速推出,欧美考古学者开展了很多考古 GIS 方面的应用研究项目,取得了丰硕的成果,自 90 年代初开始陆续发表了大量的研究论文,也有很多的相关专著出版,对考古研究中 GIS 的各种应用都有很好的阐述,提出了多种针对特定项目的研究模型(Savage,1990)。

1.4.1 GIS 数据库及其在遗址内的应用

GIS 在考古研究中的运用首先表现在与考古数据库链接方面，多种格式文件中的数据都可以在 GIS 中进行链接、检索、分类和查询，图形单元也可以同时与数据库中的文本进行关联和显示，真正将文本、数据与地图、影像、照片、环境数据等综合在一起，提高了管理效率。欧美很多国家的考古机构都将研究中的各种数据输入到 GIS 数据库之中，使遗址的测量、制图、遥感和发掘等资料都有严格的统一存储标准，为后续的考古研究、遗址保护、资料存档以及相关部门的管理提供有力的支持。

近年来，考古 GIS 的研究焦点开始向单个遗址方面转移。遗址内的围墙、灰坑、地层、壕沟、柱洞等遗迹都可以作为 GIS 中的专题要素，并根据遗迹的具体类型、文化特征、年代等赋予不同的颜色或排序。典型器物的分布也可以作为单独的专题进行分类和显示，以此研究遗址的结构、演变过程、功能区划等特征。

瑞典国家遗产部考古发掘局针对田野考古调查和发掘的需要，研发了田野考古数字建档系统——Intrasis。由全站仪或 GPS 测量的每个遗迹点的精确坐标，都可以自动转换并输入到 Intrasis 的遗址数据库之中，同时根据数据中的地理代码在数据库中生成图形文件。田野工作中的各种考古、环境、水文、动物、植物等方面的研究资料和结果都能够存储在 Intrasis 中，将全部数据整合在一起，开展多学科的综合研究，了解遗迹特征，揭示遗物内涵（Lund，2006）。

荷兰国家考古资源调查部门，在获得大量文化资源定位数据、环境数据与基础数据的情况下，利用 GIS 建立了一系列考古政策规划图，标明非城市地区考古资源的分布与质量，并以分区图的形式说明考古资源的位置和价值（Leusen van，1995）。

随着遥感技术的发展，用于遗址研究的 GIS 中越来越多地使用航空影像和高分辨率卫星遥感影像等数据。高分辨率遥感影像经过精确配准之后，可以用于遗址内遗迹和现象的分析，研究自然环境因素对遗址的破坏情况，制定合理的遗址保护方案。立体像对还可以提取高分辨率的 DTM（数字地面模型），修测或补测详细的遗址或遗迹分布图，对遗址进行三维建模和瞬时景观的可视化研究。

三维 GIS 将会在考古遗址的发掘和研究中发挥重要作用，遗址内的文化层、遗迹特征和器物分布都能够进行三维可视化分析。通过对遗址内生成阴影的分析，极有可能根据微型地貌起伏情况显示出城墙、城门和墓葬一类的遗迹。

1.4.2 GIS 支持的区域聚落分布研究

古代聚落的分布与环境特征之间有着密切的关系。环境变量中的地形、地质、土壤、坡度、水系等要素很容易在 GIS 中进行显示和分析，为聚落考古研究提供了行之有效的方法，在考古研究中引起广泛的关注。一些学者根据典型流域中适宜种植某种农作物的土壤变化情况，分析聚落演变的特征（宋豫秦等，2002）。

基于 GIS 的区域分析技术在考古研究中有很多成功的应用实例。例如芬兰的铁器时代聚落与环境关系研究、冰河时代景观变化与其他特征对石器时代遗址分布的影响等（Vikkula，1994）。墨西哥 Teotihuacan 地区发现 Formative 中期遗址的分布在高程、坡度、坡向、土壤深度等方面都没有大的差异（McClung 等，1996）。波希米亚青铜时代末期聚落研究中，分析了 6 种地貌类型与罗马时期聚落分布之间的关系（Kuna 等，1995）。

GIS 区域分析方法能够为考古研究人员提供很多特殊的素材，拓展思维空间，使人们能够在已知一些聚落、遗址分布特征的基础上，基本理解古人选择聚落、遗址或其他活动场所的原因。

1.4.3 考古位置预测模型

建立考古预测模型是以人类位置行为的模式化为基础，根据一个区域中某类已知考古遗址的分布特征，提取遗址及其周围的高程、坡度、坡向、土壤类型或距水系距离等环境因素，分析考古遗址及其周围环境的典型特征，并以此建立考古遗址的理论模型。然后再分析研究区域内其他地点，查找类似地点作为可能的遗址位置，最后通过实地调查，对预测结果进行检验。

预测模型分析在欧美考古工作中已经取得了一定的成果，为区域考古研究和文化资源保护提供了很多重要数据，便于及时地对预测有重要考古资源的区域进行监测和保护，减少野外调查的时间和经费。有的学者还根据特定区域的具体情况，分析各种环境因素的影响程度，对不同的环境因素赋予不同的权值，建立更为完善的预测模型。

1.4.4 遗址的空间配置与地域观念

空间配置是一个常用的方法论术语，将遗址或位置与地域进行关联。GIS 使地域特性和人类行为的现实假设成为可能。研究中一般假设近处的遗址比远处遗址具有更大的经济价值，在研究地点（一般是史前聚落）周围有确定半径（例如 1~5 公里）的简单圆形范围内，分析地域中经济的或其他资源，以此解释聚落、墓葬等选址的原因（Baena 等，1995）。例如研究城堡与可耕地面积的关系、墓葬与土壤的关系以及大型遗址的位置与早期遗址的关系等。研究特殊石料的产出地点与其制作的石器分布范围、传播路径等等。

此外缓冲区与最佳路径分析也具有重要的意义。根据聚落、地形、土壤、水系等因素分布情况，分析相互的关系，研究古人从事狩猎、农耕等的行走路线。

1.4.5 通视与可视域分析

通视即景观中两点之间没有地形或地面特征（植被、建筑物）阻挡的情况，在 GIS 软件的支持下，两点（甚至大量点）之间视线的计算非常简单。可视域则是研究从一点或几点上能够观察到的范围。

欧美学者对可视域非常感兴趣，认为人类社会具有特定的地域观点，其视野非常重要。聚落等的可视性可能反映当时的一种社会结构，甚至是一种控制或防御手段，可视范围均在聚落的控制之下，防御性聚落都会具有最佳的可视特性，有时可视性甚至可能与天文观测有关，地面景观与特定时间太阳或月亮的位置紧密相连（David，2002）。希腊学者研究伯罗奔尼撒半岛上的灯塔时，发现已知的四座灯塔的可视域不能很好地将海域全部覆盖。他们认为应该还有尚未发现的灯塔能够为海域的盲区指示方位。经过假设，学者们发现从一个特定地点建立的可视域正好能够覆盖已知四座灯塔的盲区。然后经过实地考察，在假设位置附近发现了第五处灯塔。

1.4.6 区域考古模拟

区域考古模拟是在 GIS 技术的支持下，根据研究区域内现在的土壤、地质、地貌等物理景观特征，以及已知古代聚落的分布情况，研究古人面对自然景观时的行为方式，同时为文化遗产管理服务。或者是对一些假设、推测进行模拟，以检验其可靠程度。有的学者根据一个区域中土壤分布情况、坡度、距农耕聚落和水系的距离、农作物单产等因素，分析某一时期中可耕地的面积，计算粮食总产量，由此再计算研究区域内特定时期中能够养活的人口数量，研究其社会结构。但是，这种估计存在很多不确定的因素。因为某一特定时期中实际的耕地面积、种植的物种、产量，以及种植与狩猎、采集的比例等诸多因素不好估算，所以这种预测模型还需要进一步的完善。

在区域考古研究中，很多基于 GIS 的模拟与聚落行为有关。GIS 还推动只能在考古研究中使用的位置配置模型，以已知位置区域的中心为基础，学者们模拟出不同的网络近似值、模型假设和参数范围，研究古代人们采集、剩余物品运输、人口管理等的模式（Church，2000）。

1.4.7　国内相关研究情况

近 10 年来，随着国内区域考古调查研究的深入，区域考古资料越来越丰富，为考古 GIS 项目的开展奠定了坚实的基础。20 世纪 90 年代中期开始，美国、澳大利亚等国学者与国内一些学者合作，开展了河南颍河上游地区、洹河流域、伊洛河流域，山东沭河流域等聚落考古调查和 GIS 方面的应用研究。后来，中国社会科学院考古研究所充分运用 GIS 空间分析和预测模型等技术，先后对河南洹河流域、山东沭河流域、陕西七星河流域、山西临汾盆地、河南洛阳盆地等特定地域进行研究，分析和探究古代人类生存与自然环境的密切关系，对考古 GIS 的理论、方法和应用都进行了细致的探讨。此外，吉林大学、南京师范大学、复旦大学等考古或历史类院系以及国家博物馆考古部等单位也正在将 GIS 技术运用到考古或历史学研究之中。这些应用将会推动国内考古 GIS 研究的快速发展，应用技术和理论也将会更加成熟、完善。

第二章 基本概念与相关理论

2.1 基本概念

2.1.1 信　　息

信息（Information）是用数字、文字、符号、语言等介质来表示事件、事物、现象等的内容、数量或特征（陆守一，2004）。考古调查、发掘中运用数字表示遗迹的位置、范围，运用文字表示遗址的年代、特征、调查和发掘的过程，运用符号在专题图上表示遗迹的空间关系，等等，都是为了更为全面地记录相关的信息。信息向人们（或系统）提供关于现实世界新的事实的知识，作为生产、管理、经营、分析和决策的依据。

信息具有客观性、适用性、可传输性和共享性等特点。客观性是指信息都与客观事实相关，这是信息正确性和精确度的保证；适用性是指信息从大量数据中收集、组织和管理，要有实用性；可传输性指信息可以在系统内或用户之间以一定形式或格式传送和交换；共享性是信息可传输性带来的结果，也就是信息可为多个用户共享。

信息来自数据（Data）。数据是未加工的原始资料，是客观对象的表示，是信息的载体，包括数字、文字、符号、图形和影像。信息则是数据的内涵，是数据的内容和解释。考古调查或发掘中，根据所发现的一件器物的质地、纹饰、图案以及口沿、腹部、底部、足部等的形状等特征数据，经过考古学家的分析、研究，可以判断出这件器物的生产年代、制作工艺和文化内涵等信息。

2.1.2 地 理 信 息

地理信息（Geographic Information）属于空间信息，是指与所研究对象的空间地理分布有关的信息，表示地表物体及地理环境所固有的数量、质量、性质、关系、分布特征和规律的数字、文字、图像、图形信息的总称。地理信息具有空间性、专题性和动态性（陆守一，2004）。绝大多数的考古信息都具有空间位置属性,描述遗迹、遗物所在的空间位置或相互间的空间关系,具有空间性。考古信息具有考古专业特色,反映与考古有关的主题,具有专题性。考古信息包含在文化层中,是在漫长的历史过程中积淀而成的,随着时间的推移而不断增加,具有动态性。

2.1.3 信息系统

信息系统(Information System)是具有采集、处理、管理和分析数据能力的计算机系统,能为单一的或有组织的决策过程提供各种有用信息(陆守一,2004)。信息系统是由计算机硬件、软件、数据和用户四大要素组成的系统。其中数据包括一般数据和经数据挖掘获得的知识。用户包括一般用户和从事系统建立、维护、管理和更新的高级用户。

从管理的角度看,信息系统涉及战略层、用户层和操作层。战略层是决定信息系统方向的战略决策者,用户层是使用信息系统的高、中层管理人员,操作层主要是一般的操作人员。

2.1.4 地理信息系统

地理信息系统简称GIS(Geographical Information System),属于空间信息系统,是20世纪60年代开始迅速发展起来的地理学研究技术系统。地理信息系统作为计算机技术、地理、遥感、测绘、统计、规划、管理学和制图学等学科交叉运用的产物,代表了现代计算机应用技术和其他学科相互渗透的发展方向。GIS技术是以地理空间数据库为基础,在计算机软件和硬件的支持下,采用地理模型分析方法,运用系统工程和信息科学的理论,对整个或部分地球表面(包括大气层)与地理空间分布有关的数据进行采集、管理、操作、分析、模拟和表达,为地理研究和地理决策服务提供多种空间地理信息的技术系统。GIS具有以下三个方面的特征:

(1)具有采集、管理、分析和输出多种空间信息的能力,具有空间性和动态性。

(2)以地理研究和地理决策为目的,以地理模型方法为手段,具有区域空间分析、多要素综合分析和动态预测能力,产生高层次的地理信息。

(3)由计算机系统支持进行空间地理数据管理,并由计算机程序模拟常规的或专门的地理分析方法,作用于空间数据,产生有用信息,完成人类难以完成的任务（刘明德，2006）。

所以，GIS 是由计算机硬件、软件、地理数据和人设计的有效地获取、存储、更新、操作、分析和显示所有地理信息的集成应用系统。数据是地理信息系统的基础，是地理信息系统的基本组成，数据包括图形数据、图像数据和属性数据三类。地理信息系统的硬件包括计算机主机、数字化仪、图像扫描仪、绘图仪、打印机、磁带（盘）机等。GIS 的软件包括数据输入和检验、数据存储和管理、数据变换、数据输出和表示、用户接口 5 个基本模块。从外部来看，地理信息系统表现为计算机软硬件系统，而其内涵则是由计算机程序和地理数据组织而成的地理空间信息模型，是一个逻辑缩小的、高度信息化的地理系统。

地理信息系统是整个地球或部分区域的资源、环境数据在计算机中的缩影。严格地讲，地理信息系统是反映人们赖以生存的现实世界（资源与环境）现状与演变的各类空间数据及描述这些空间数据特征的属性数据，在计算机软件和硬件的支持下，按照一定的格式输入、存储、检索、显示和综合分析应用的技术系统。随着计算机技术、空间技术和现代信息基础设施的飞速发展，GIS 技术在各国经济信息化进程中日渐重要。特别是当今"数字地球"概念的提出，使得人们对 GIS 的重要性有了更深刻的了解和更直观的认识。20 世纪 90 年代以后，地理信息系统在全球得到了空前迅速的发展，应用领域不断扩大，产生了巨大的经济和社会效益。

2.1.5 聚落与聚落考古

聚落（Settlement）是一个地理概念，是聚落地理学的研究对象，指人类在一个适当的地理环境内定居而形成的居所，由各种建筑物、道路、绿地、水源等物质因素组成。聚落依大小分为两类，小者为乡村，大者为城市。也有学者提出第三种形式——即类城市聚落（王嗣均，2000）。聚落的位置选择和发展兴衰在很大程度上受地理环境制约，如水源、地貌、交通、气候、资源及其他人文因素等。聚落的形成与形态受自然因素影响甚大，尤以水源、地貌和资源最为重要。

聚落考古（Settlement Archaeology）是 20 世纪 50 年代开始在考古学中流行的作业方式和研究方法。其具体定义和作业方式为，在一定地域内进行大范围的考古调查、发掘，以了解古遗址的空间分布、遗址功能、遗址间的社群关系、人文与环境关系、人口规模、生产方式及社会组织结构等（李水城，2002）。

2.1.6 人地关系

人地关系是人类诞生以来就客观存在的关系，属于人与自然关系的范畴，是指人类社会向前发展的过程中，人类为了生存的需要，不断地扩大和加深改造、利用地理环境，增强适应地理环境的能力，改变地理环境的面貌。同时地理环境也影响着人类活动，产生地域特征和地域差异（李振泉，2000）。

考古学研究的对象是人类在漫长发展过程中遗留下来的文化遗存。这些文化遗存都是人类在特定自然环境中的生存记录，并且以各自的方式存在于自然环境之中。所以，从考古学研究出发，可以对较长的时期内人类社会的发展、演变与自然环境的关系进行深入的分析，探究古代文明的产生和发展对自然环境的依赖与改造程度。

2.2 GIS 的类型

GIS 可以根据其数据内容的不同，分为专题地理信息系统、区域地理信息系统和 GIS 工具三大类型。

2.2.1 专题地理信息系统

专题地理信息系统（Thematic GIS）是具有有限目标和专业特点的地理信息系统，为特定的专业目的服务。考古地理信息系统就是一种专题 GIS，以考古信息为主要内容，具有考古专业的特点，为考古学研究服务。

2.2.2 区域地理信息系统

区域地理信息系统（Regional GIS）主要以区域综合研究和全面的信息服务为目标，可以有不同的规模。如国家级、省级或地区、市级和县级等为不同级别行政区服务的区域信息系统，也可以按自然分区或流域为单位划分区域系统。区域考古 GIS 的研究一般是按中、小型流域划分。这是因为古代聚落的分布与演变往往以中、小型流域为分区单位。

许多实际的地理信息系统是介于上述二者之间的区域性专题信息系统。如洛阳盆地考古信息系统兼顾区域与专题两重属性，限制了研究区域和专业范围，以便对研究专题进行深入细致的分析和研究，探索区域性的古代人地关系。

2.2.3 GIS 工具

GIS 工具（GIS Tools）是一组具有图形数字化、存储管理、查询检索、分析运算和多种输出等 GIS 基本功能的套装软件。它们或者是专业设计研制的，或者是在完成了实用 GIS 后剔除具体区域或主题式的地理空间数据后得到的，具有对计算机硬件适应性强、数据管理和操作效率高、功能强的特点，是具有普遍性的实用性信息，可以用作 GIS 教学。

考古 GIS 的研究一般都是在通用的地理信息系统工具支持下，创建区域或单个遗址的考古地理信息系统，再进行多重空间分析与研究。现有大多数 GIS 软件的功能都能够满足工作要求，一般情况下不需要投入大量的时间和精力进行太多的二次开发。

2.3 空间和地理空间

2.3.1 空间和地理空间概念

"空间"（Space）的概念在不同的学科有不同的解释。从物理学的角度看，空间是指宇宙在三个相互垂直的方向上所具有的广延性。从天文学的角度看，空间是指时空连续体系的一部分。在地理学上，空间是地理空间（Geographic Space），是指物质、能量、信息的存在形式在形态、结构过程、功能关系上的分布方式、格局及其在时间上的延续。

地理空间是地球上大气圈、水圈、生物圈、岩石圈和土壤圈交互作用的区域。地球上最复杂的物理、化学、生物和生物地球化学等过程都发生在地理空间中。因此，地理空间是自古以来人类活动频繁发生的区域，是人地关系中最为复杂、紧密的区域，正是考古学研究的空间范围。

2.3.2 地理空间和地理空间数据

GIS 中的空间概念常用"地理空间"（Geo-Spatial）来表述，是指经过投影变换后，在笛卡尔坐标系（由一个固定的、特殊的点为原点，一对相互垂直且经过原点的线为坐标轴）中的地球表层特征空间。它是定义在地球表层目标集上的关系，即地理世界以实体为单位进行组织，将客观世界作为一个整体看待，每一个实体不仅具有空间位置属性和空间上的联系，而且更重要的是它与其他实体还具有逻辑上语义联系，还具有时间属性。一般来说，地理空间被定义为绝对空间和相对空间两种形式。绝对空间是具有属性描述的空间位置的集合，由一系列不同位置坐标值组成。相对空间是具有空间属性特征的实体的集合，是由不同实体之间的空间关系构成。

GIS 中的地理空间一般包括地理空间定位框架及其所联结的地理空间特征实体。地理空间定位框架即大地测量控制，由平面控制网和高程控制网组成。大地测量控制为建立所有地理数据的坐标位置提供通用参考系，将所有地理要素与平面及高程坐标系相连接。大地测量控制信息的主要要素就是大地测量控制点。这些坐标点的平面位置和高程被精确地测量。

地理空间特征实体表示地理空间信息的几何形态、时空分布规律及其相互之间的关系，是指具有形状、属性和时序性的空间对象或地理实体，包括点、线、面、曲面和体，它们构成地球圈层间复杂的地理综合体，也是 GIS 表示和建库的主要对象。地理空间数据就是以地球表面作为基本定位框架的空间数据。GIS 提供了对地理空间数据进行分析和将地理空间数据实现可视化的机制。

由于计算机中处理和操作的数据是离散数据，在 GIS 中地理空间数据是进行离散化表达的空间数据，其表达方式根据不同应用目的由空间数据模型决定。

2.4　空间数据的特点

GIS 中常把地理空间数据称为空间数据（Spatial Data）。这里的空间数据是指用来描述空间实体的位置、形状、大小及其分布特征诸多方面信息的数据，以表示地球表层一定范围的地理事物及其关系。

空间实体是空间数据中不可再分的最小单元，是对存在于自然世界中地理实体的抽象，主要包括点、线、面、体等基本类型。如把一个墓葬抽象成为一个点，它具有所处的位置信息、随葬品、葬俗等相关信息；把一条古城墙抽象为一条线，它具有所处的位置信息、起点、终点、长度、宽度等相关信息；把一座古城遗址抽象为一个面，它具有所处的位置、面积、使用年代、建筑布局等相关信息。

GIS 中的空间数据代表着现实世界地理实体或现象在信息世界中的映射，

它反映的特征应该包括自然界地理实体向人类传递的基本信息。空间数据描述的是所有呈现二维、三维甚至多维分布的区域现象，它不仅包括表示实体本身的空间位置及形态信息，而且还包括表示实体属性和空间关系的信息。一座古城遗址内的宫殿基址都具有各自的空间位置和几何形状，每一个角点都可以通过三维大地坐标来精确表示。同时，每一座宫殿基址都拥有建筑年代、建筑工艺、使用时间、残存状况等属性信息，相互之间还具有相对空间关系等等。

2.4.1 空 间 性

空间性是空间信息的最主要特性，是区别于其他信息的一个显著的标志。空间性表示空间实体的位置或所处的地理位置、空间实体几何特征等等，从而形成了空间物体的位置、形态以及由此产生的一系列特性。空间性不但导致空间物体位置和形态的分析处理，同时还导致空间相互关系的分析处理。

2.4.2 专题性（属性）

专题性是指在一个坐标位置上地理信息具有专题属性。例如，在一个地面点上，可取得遗迹、遗物、古环境、古地貌等多种专题信息。

属性是空间数据中的重要成分，它同空间数据相结合，才能表达空间实体的全貌。GIS 中的专题属性常用表格和图像等方式来表达。

2.4.3 时 间 性

空间和时间是客观事物存在的形式，两者往往是紧密互联的。空间数据的时间性是指空间数据的空间特征和属性特征随时间变化的动态特征，即时序特性。它们可以同时随时间变化，也可以分别独立随时间变化，如在不同的时间，空间位置不变，但属性数据可能发生变化，或者相反。

空间数据的时间性反映了空间数据的动态性。在空间数据表示中，如果加上时间轴将会大大增加空间数据处理的难度，现有的大量 GIS 系统，常在空间属性中加注时间标注，以表示空间数据的时间性，也就是将时间特征隐含在数据中，因此，也称静态 GIS 系统，而将加上时间轴的 GIS 称为时态 GIS。

总之，空间数据的特征可以概括为空间特征和属性特征，其中空间特征数据包括地理实体或现象的定位数据和空间关系数据，属性特征数据包括地理实体或现象的专题属性（名称、分类、数量等）数据和时间数据，而空间特征数据和属性特征数据统称为空间数据，实质上在 GIS 中指的是地理空间数据。

2.5　空间数据的结构

空间数据主要通过矢量方式和栅格方式进行表达，分别形成了栅格数据结构和矢量数据结构（图2.1）。矢量表达法集中了地理实体的形状特征以及不同实体之间的空间关系分布，栅格表达法则描述了地理实体的级别分布特征及其位置。

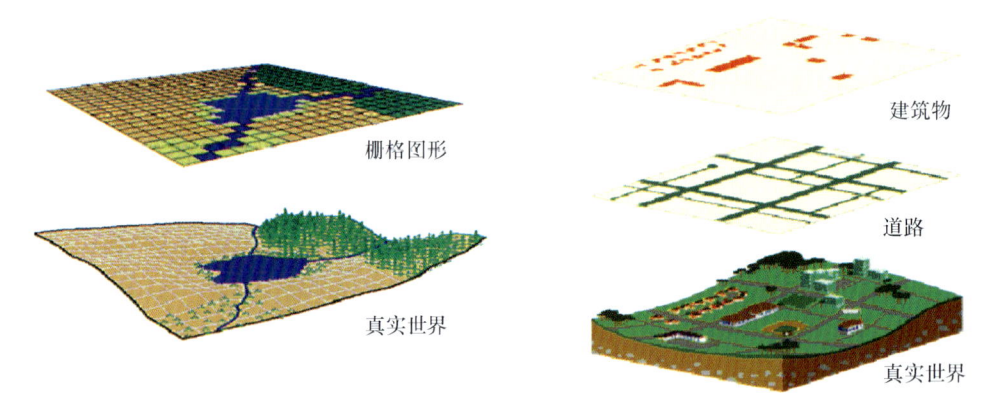

图 2.1　栅格数据与矢量数据模型

2.5.1　矢量数据模型

矢量数据模型是用离散的点、线（或称"弧"）、面（或称"多边形"）来表示和描述连续地理空间中的实体。由于面（多边形）是线（弧）所围成的区域，线（弧）又是点的有向序列，其空间位置由所在坐标参考系中的坐标定义，所以，坐标点是矢量数据模型最基本的数据元素。

从理论上说，矢量数据描述的是连续空间，能直观地表达地理空间，因而它能精确地表达地理实体的形状与位置，又可以通过点、线、面三种基本图元之间的联系，构筑地理实体及其图形表示的邻接、连通、包含等拓扑关系，从而有利于地理信息的查询、网络路径优化、空间相互关系分析等地理应用，还能够方便地进行比例尺变换、投影变换以及图形的输入和输出。

2.5.2 矢量数据的位置、形状表达

空间数据具有一定的位置，矢量数据在表达空间位置时，根据其特征具有不同的维数，不同维数的空间数据表达方式也不同。

2.5.2.1 0维矢量

0维矢量在空间呈点状分布特征，在二维、三维欧氏空间具有特定坐标位置，分别用 (X, Y) 及 (X, Y, Z) 来表示，它没有大小和方向，如水井、墓葬、灰坑等，主要包括：

实体点（Entity Point）：用来代表一个实体；

注记点（Text Point）：用于定位注记；

内点（Label Point）：用于负载多边形的属性，存在于多边形内；

结点（Node）：表示线的终点和起点；

角点（Vertex）：表示线段和弧段的内部点等。

2.5.2.2 一维矢量

一维矢量在空间呈线状分布特征，在二维、三维欧氏空间分别用离散化的实数点集 (X_1, Y_1)，(X_2, Y_2)，…，(X_n, Y_n) 及 (X_1, Y_1, Z_1)，(X_2, Y_2, Z_2)，…，(X_n, Y_n, Z_n) 来表示。它具有长度、曲率、方向，其长度随比例尺而变化。一维实体如河流、城墙、道路、地下管线等，主要包括直线、弧、链、网络等。

直线：由起点坐标、终点坐标、属性、显示符等组成；

弧、链、网络：是 n 个坐标对的有序集合，附有属性、指针系统、显示符号等。

2.5.2.3 二维矢量

二维矢量在空间呈面状分布特征，在二维、三维欧氏空间中是一组闭合弧段所包围的空间区域，有特定坐标位置，分别用 (X_1, Y_1)，(X_2, Y_2)，……(X_n, Y_n)，(X_1, Y_1) 及 (X_1, Y_1, Z_1)，(X_2, Y_2, Z_2)，……(X_n, Y_n, Z_n)，(X_1, Y_1, Z_1) 来表示。它具有面积、周长、凹凸性、走向、倾角和倾向等几何特征，其面积、周长等随比例尺而变化。二维矢量又称多边形或图斑，在数据库中由一封闭曲线加内点来表示面状实体。二维矢量用来表示建筑基址、

古城遗址、聚落范围等。当用等高线和剖面法表示时，可表达空间曲面。

2.5.2.4 三维矢量

三维矢量在空间呈体状分布特征，有表面积、体积、长度、高度等，含有孤立块或相邻块、断面图与剖面图等。三维体状物体一般具有体积、长度、宽度、高度、空间曲面的面积、空间曲面的周长等属性。在 GIS 中，空间数据代表着现实世界地理实体或现象。

2.5.3 矢量数据的空间关系表达

地理空间信息不仅包含空间几何信息，而且还包含空间关系信息。空间关系信息主要有空间度量关系、方位关系和拓扑关系，其中空间拓扑关系是最主要的空间关系信息，在 GIS 数据模型研究中占有十分重要的位置。

空间度量关系描述空间实体之间距离，可通过对点、线、面元素的数学表达式计算得到。

空间方位关系分绝对、相对和基于观测者的方位。绝对方位以地球参照系统为标准，如东、西、北、东南等。相对方位以所给目标为参照方向，如前、后、左、右、上、下等。

地理要素空间信息中几何信息常用空间坐标的位置、方向、角度、距离、面积等描述物体的几何形状和数量特征。拓扑信息是空间关系信息，其理论基础是拓扑学（Topology），拓扑学是几何学的一个分支，它研究的是将几何体抽象成点、线、面等元素，再研究其间的关系，其表达方式较为复杂。

从拓扑的观点看，只关心空间点、线、面之间的逻辑关系，而不关心其几何形状。因此，拓扑信息是一种性能比较稳定的信息，它不受投影关系、比例尺而变化。

2.5.3.1 拓扑学中的空间基本元素

（1）结点（Node）：弧段的交点，岛结点是特殊结点。
（2）弧段（Arc）：相邻两结点之间的坐标链，岛边界弧段是特殊弧段。
（3）多边形（Polygon）（图斑或面）：有限弧段组成的封闭区。

2.5.3.2 拓扑学中空间基本元素的关系及性质

拓扑学中空间基本元素为点、线、面三类，它们之间可归纳为 6 种关系，关系的性质为关联、相邻、相连、相交、相离、相重、包含等。

（1）点与点间的关系：主要指两点间的重合关系和相离关系；

（2）点与线间的关系：主要指点和线之间的关联、相交、相离、包含等关系；

（3）点与面间的关系：主要指点和面间的关联、相交、相离、包含等关系；

（4）线与线间的关系：主要指二条线间的邻接、相交、相离、相重、包含等关系；

（5）线与面间的关系：主要指线和面间的关联、相交、相离、相重、包含等关系；

（6）面与面间的关系：主要指面和面间的邻接、相交、相离、相重、包含等关系。

从拓扑角度看，几何形状不同的事物其拓扑关系可能相同。图2.2a和b描述了两个几何形状不同的实体，但各点之间邻接性关系（点之间邻接性也称连通性）是相同的，都可通过点的邻接矩阵（连通性矩阵）来表示。图2.2c中，1和0分别表示相对应的两点是连通与不连通的关系。

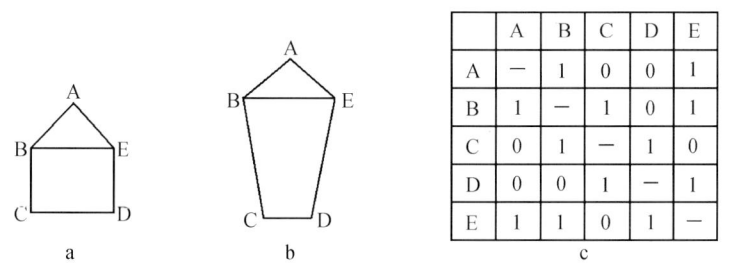

	A	B	C	D	E
A	—	1	0	0	1
B	1	—	1	0	1
C	0	1	—	1	0
D	0	0	1	—	1
E	1	1	0	1	—

图2.2　点之间拓扑关系（连通性）的描述及连通矩阵

图2.3a和b描述了两个几何形状不同的实体，但各面之间邻接性关系是相同的，都可通过面邻接矩阵来表示。图2.3c中，数值1和0分别表示相对应的两个面是邻接与不邻接的关系。

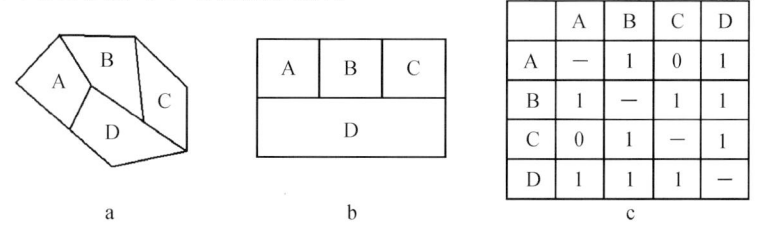

	A	B	C	D
A	—	1	0	1
B	1	—	1	1
C	0	1	—	1
D	1	1	1	—

图2.3　面之间拓扑关系（连通性）的描述及连通矩阵

2.5.3.3 无拓扑关系数据结构的优缺点

无拓扑关系的数据结构具有简单、直观，便于用户接受和系统维护与更新等优点。但是也存在着很多的缺点：其一，数据冗余度大，如多边形公共边重复存储，但没有存储多边形之间的关系。相邻多边形的公共边不完全重合时，易产生伪多边形。需建立多边形边界表。其二，缺乏拓扑信息，如邻域信息等，不便于拓扑分析。其三，对岛处理能力差，难于建立外多边形的关系。

2.5.3.4 GIS 中建立拓扑关系的优缺点

GIS 中空间数据建立拓扑关系之后，使数据结构紧密、拓扑关系明确，有利于空间数据的拓扑查询和拓扑分析。同时便于系统内数据共享，减少了数据的冗余（共享公共边界减少了坐标点数据）。

但由于拓扑关系面向不被分割的几何要素，而不面向地理实体；强调的是各几何要素之间的连接关系，不能重视地理实体的完整、独立意义，难以表达复杂的地理实体，使对实体的操作如增加实体、删除实体、修改实体等效率较低，同时影响对实体快速查询和复杂的空间分析效率，尤其在大区域的复杂空间分析方面表现尤为明显。此外数据结构复杂，不便于系统的维护和更新。

2.5.4 栅格数据模型

栅格数据是用离散的量化格网值来表示和描述空间实体，是用数字表示的像元阵列。栅格数据结构将空间规则地划分为栅格（通常为正方形），栅格的行和列规定了实体所在的坐标空间，而数字矩阵本身则描述了实体的属性或属性编码。

栅格数据最显著的特点就是存在着最小的、不能再分的栅格单元，栅格的大小代表空间分辨能力。栅格数据在形式上通常表现为整齐的数字矩阵，且便于计算机进行处理，特别是存储和显示。栅格数据模型同矢量数据模型一样能表达空间的离散点、线、面，但栅格数据更适合描述空间实体的级别分布特征及其位置。

2.5.5 栅格数据的位置、形状表达

2.5.5.1 栅格数据位置、形状表达

（1）0维矢量

表现为具有一定数值的一个栅格单元，每个栅格单元也称点单元，在矩阵中称栅格，该栅格有一定大小，其大小反映了空间数据的分辨率。

（2）一维矢量

表现为按线性特征相连接的一组相邻栅格单元的集合，如城墙、道路。

（3）二维矢量

表现为按二维形状特征连续分布的一组栅格单元的集合。每个单元的数值表示空间地理现象，如森林、湖泊、居民区等。

2.5.5.2 栅格单元位置坐标的确定

栅格描述的空间对象属性明确，位置隐含，其位置坐标确定如下：

（1）直接记录栅格单元的行列号，栅格单元的行列号通常以左上角为坐标零点；

（2）在给定分辨率参数（指行数和列数）前提下，将栅格单元按顺序编号，编号顺序左上角为起点，右下角为终点。

2.5.6 栅格数据的空间关系表达

栅格数据表达中通常不存储空间关系，空间关系的确定一般通过计算求得。对栅格数据进行空间关系分析计算时，常用4邻域、8邻域、24邻域（图2.4）作为算法的基础。

4邻域　　　　　8邻域　　　　　24邻域

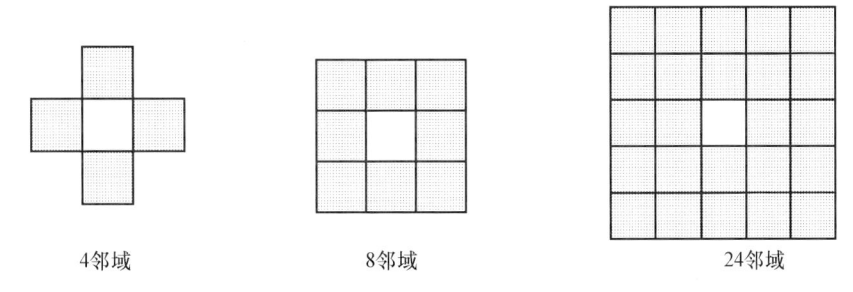

图2.4　栅格数据的邻域

2.5.7 栅格数据的属性表达

栅格数据将空间划分为规则的格网,地理实体的位置用所占据栅格的行、列位置来确定。栅格大小代表空间分辨率,值代表该位置的属性。

(1) 每个栅格单元具有一个属性,这是栅格数据结构通常的表示方法;

(2) 每个栅格单元具有多个属性,这是把栅格单元和数据库系统连接,在数据库管理系统下实现数据的存储和管理。当每个栅格单元具有多个属性,常表示该栅格单元在不同图层有不同属性,但每个图层属性相同。

空间数据栅格表达中栅格的精度与分辨率十分重要。分辨率大小与用户要求有关,也受存储栅格数据的硬件设备性能极限影响。分辨率越高,越能表达地理现象的细微特征,但是占用的存储空间也越大。

2.5.8 矢量栅格一体化数据结构

矢量数据结构和栅格数据结构在处理空间数据时,都具有各自的优缺点(表2.1)。

表2.1 矢量数据结构与栅格数据结构的比较

	优 点	缺 点
矢量数据	(1) 数据结构紧凑,精度高 (2) 便于表示空间实体及拓扑关系 (3) 便于表示网络关系,进行网络分析 (4) 图形显示质量好,精度高 (5) 便于面向对象实现空间查询和分析	(1) 数据结构复杂 (2) 叠加分析算法复杂 (3) 不易同遥感数据结合 (4) 表达空间变化性的能力差 (5) 不易实现数学模拟
栅格数据	(1) 数据结构简单,定位存取性能好 (2) 易实现数据共享 (3) 便于地形分析和数学模拟 (4) 易同遥感数据结合 (5) 能有效表达空间可变性	(1) 数据量大 (2) 投影转换复杂 (3) 图形质量差 (4) 难于表达空间实体及拓扑关系 (5) 难于表示网络关系

然而,这些优缺点常常是互补的,为了能更有效地利用各种空间数据,实现各种空间分析处理功能,同时使用两种数据结构,建立矢量栅格一体化数据结构,在GIS中具有重要意义。

2.5.8.1 矢量栅格数据的混合数据结构

矢量栅格数据的混合数据结构是指为解决某问题，同时用矢量和栅格两种数据结构，使其中的每种数据结构发挥各自的特长。在这种混合数据结构中，矢量数据结构和栅格数据结构分别保持了各自的特点，各自进行存储，但可进行统一的显示、查询和某些分析。这种混合数据结构在资源环境领域中已被使用。如在区域聚落考古研究中，以整个区域的遥感影像为背景，可标绘矢量聚落分布图；在遥感影像图上叠置数字地形模型，能够实施遥感影像分类和查询等分析功能。

2.5.8.2 矢量栅格数据的一体化结构

目前采用的矢量栅格一体化数据结构的典型方法是将矢量方法表示的线性实体，在记录原始采样点的同时，还记录其包含的栅格。这样，既保存矢量特性，又具有栅格性质。由于栅格数据结构的精度低，通常用细分格网的方法来提高点、线、面状目标边界线数据的表达精度。显然，这种矢量栅格一体化数据结构表示的一幅图，其存储的数据量大大超过原始矢量数据结构数据量，它的优点是给运算和分析带来方便。矢量栅格一体化数据结构也大大方便结点拟合。

2.6 GIS 与 SPS、遥感等技术的集成

2.6.1 SPS（卫星定位系统）技术

卫星定位系统是利用在空间运行的定位卫星不断向地面广播发送某种频率并加载了某些特殊定位信息的无线电信号来实现定位测量的定位系统。卫星定位系统一般包含三个部分。第一部分是空间运行的卫星星座。由多个卫星组成的星座系统向地面发送某种时间信号、测距信号和卫星瞬时坐标的位置信号。第二部分是地面控制部分。它通过接收上述信号来精确测定卫星的轨道坐标、时钟差异，发现其运转是否正常，并向卫星注入新的卫星轨道坐标，进行必要的卫星轨道纠正等。第三部分是用户部分。它通过用户的卫星信号接收机接收卫星广播发送的多种信号并进行处理计算，确定用户的最终位置，以实现定位和导航的目的。

目前使用普遍的卫星定位系统是美国的全球定位系统（GPS，Global Positioning System）。文物保护与考古研究人员使用 GPS 可以对考古调查与发掘中的遗迹、遗物进行定位。卫星定位测量至少具有下列优点：①高精度三维定位，满足各种考古测量的要求；②设计和布点方便灵活，控制点之间不必通视；③对地理条件和作业条件要求低，高山、沙漠地区也能进行全天候作业；④工作效率高，自动进行观测、记录和计算。卫星定位测量的不足之处是不能在楼群之间和地下（如墓室中）进行测量。

2.6.2 遥感技术

遥感（RS，Remote Sensing）是 20 世纪 60 年代发展起来的综合性科学技术，它建立在空间科学、光电技术、地学规律、数理方法和计算机技术等学科的基础上，并随着相关学科的发展而发展。遥感技术则是利用某种系统装置，在不直接接触目标物或现象的情况下，收集有关电磁波等辐射能量的信息，并对其进行处理、分析和识别，最后提取和应用有关目标物或现象的特征信息，为生产和科研工作服务（路平等，2000）。

考古遥感是从航天飞机、卫星、飞机乃至地表等不同空间位置上，运用摄影机、扫描仪、雷达等成像设备，获取考古遗址的影像资料，然后运用计算机图形图像处理技术，对这些影像进行增强和处理。同时，根据遗址范围内地表现状和光谱成像规律等相互关系，对遥感影像的色调、纹理、图案及其时空分布规律进行研究，判定遗迹或现象的位置、分布、形状、深度等特征，进行遗址探查、考古测量、古地貌和古遗址复原等工作，为考古研究提供重要线索。

遗迹或现象辐射电磁波能量是考古遥感工作的前提。由于遗迹或现象与周围环境的差异，辐射电磁波的情况也就不一样，而电磁波波谱特征及其时间变化和空间分布规律在遥感影像上表现为不同的影像色调和由不同色调组成的各种图案及其时空变化规律。所以考古遥感的工作原理是建立在遗迹或现象的物理属性、电磁波波谱特征和影像特征三者关系上。遥感影像的解译原理是根据影像的色调、图案及其分布规律来判断遗迹或现象的波谱特征，从而确定遗迹或现象的属性。

随着相关学科的发展，遥感资料的接收方式发生了很大的变化，从单一传感器到多种传感器，从静态到动态，从机械扫描到电荷耦合阵列，从真实孔径雷达到合成孔径雷达。利用多光谱扫描传感器，使遥感影像显示信息的能力得到增强，可接收的电磁波范围也有很大程度的增加，地面分辨率也不断提高。一些传感器可实现全日时（不分白天黑夜）、全天候（不论天气状况）工作，并且能够穿透云层、穿透植被、穿透地表或穿透水体，能够适用于不同遗址或同一遗址上多种方式考古勘探工作的需要。

现在商用卫星影像的全色波段分辨率已经达到了 1 米以内，成像成本很低。卫星影像的波谱特征丰富，能够比较全面、准确、客观地反映出遗址范围内的很多有用信息。在地表土壤干燥而裸露的季节，地下的夯土基址、古河道等考古遗迹，能够在卫星影像上形成较为明显的遗迹标志，特别是中红外波段的卫星影像对地下遗迹有很好地反映效果，能够反映出地下遗迹的总体布局特征，适合于考古勘探方面的应用。

遥感影像的解译原理是根据影像的色调、图案及其时空分布规律来解译地物的电磁波特性，从而确定地物的属性。一般来说，在一幅遥感影像上，每个像素与地面相应的单位面积是一一对应的，而且这种对应是唯一的。但是，对于遥感影像上一定的色调和图案，对应的地面特征却由于存在同物异谱、异物同谱的现象，解译的结果往往不是唯一的。尤其是在考古遥感研究中，地下遗迹或现象因受地表情况的影响，影像解译的不确定性会更大，判读地下考古遗迹时需要分析影像上哪些异常图斑是由地面现代地物产生的，哪些是由地下考古遗迹产生的。所以工作中需要多收集不同时期、不同遥感方式接收的影像，进行综合分析与研究，并且到实地进行钻探与验证。

遥感影像的视野开阔，信息丰富，资料规范，适合于计算机的分析和处理，从而使遥感考古勘探和文物保护工作具有速度快，周期短，方法灵活等特点，并能够对考古遗迹进行测绘、地图更新、遗址动态分析、三维模拟等工作。随着遥感和计算机技术的不断进步，遥感影像的空间分辨率与光谱分辨率都会有很大程度的提高，图像处理的方式也更加多样化，考古遥感技术的应用将会更加普遍。

2.6.3 3S（GPS、RS 与 GIS）的集成

考古研究中 GIS、RS 和 GPS 三者集成利用，构成一个整体、实时和动态的观测、分析和应用运行系统。在 3S 集成中，GIS、RS 和 GPS 分别充当不同的角色，相互依存，互为补充，提高了考古 GIS 的应用效率。

3S 中的遥感技术能够接收高分辨率、高光谱、高时相的遥感影像，对考古遗址进行数字摄影测量，勘探地下未知遗迹，实时掌握考古遗址及其周边

环境的变化特征，是信息提取与分析的主要手段，为 GIS 数据的动态更新和综合分析提供保障。遥感能够及时、正确、综合和大范围地为 GIS 提供各种数据，增加考古 GIS 的活力和应用深度，掌握考古遗址随季节的信息变化特征。在区域考古调查与研究中，遥感技术能够迅速获取整个区域的多种遥感影像资料，展示古代聚落与周围环境因素的依存关系。

GPS 能够获取考古遗迹精确的空间位置数据，与遥感技术获取的数据既具有各自独立的功能，又能够互相补充和完善。GPS 测量的地面点位坐标数据，能够作为遥感影像的地面控制点信息，对遥感影像进行精确的几何校正与配准，为遥感数据实时、快速地进入 GIS 系统提供了可能，保证考古遗址的遥感数据与地面监测、调查等数据能够动态地配准、动态地进入考古 GIS 数据库。GPS 获取的地形数据和地学编码信息，以及考古遗迹边界等的测绘数据，输入 GIS 之后可以进行面积、距离的计算，获取不同剖面的图形，进行空间分析与模拟。

GIS 是 3S 技术的核心和灵魂，能够将遥感的栅格数据与 GPS 等生成的矢量数据进行空间叠置，具有对多重信息进行存储、检索、分析、模拟、输出等功能，提高了遥感与 GPS 等数据分析功能和分析精度，实现 3S 集成的最终功能。

考古 3S 技术的集成是当前空间信息技术与考古学研究、遗产保护等领域发展的必然趋势，是文化遗产中空间数据采集、更新、处理、分析与研究的强大技术支持体系，确保快速准确地获取文化遗产的信息，对数据进行动态更新，产生工作中所需的各种图件，最终提出决策实施方案。

2.7　GIS 发展动态

近年来，地理信息系统技术发展迅速，其内涵和外延正在不断变化。最初的 GIS 只是一些具体的应用系统，称为一门技术。现在已发展成一个独立的、充满活力的新兴交叉学科。

2.7.1　从理论、技术和方法看 GIS 的发展

从理论体系看，GIS 将向三维 GIS、时态 GIS 方向发展，以适应数字地球对 GIS 的要求。

（1）三维 GIS 理论和技术

目前，主流的 GIS 软件对地球表面数据进行采集、管理和分析处理是基

于二维平面的。

实际上，GIS 处理的是与地球有关的数据，这些数据本质上是三维连续分布的。实际中它研究的对象都是三维的，如地质、水文、采矿、地下水、灾害、污染等。

在 GIS 中，三维 GIS 与二维 GIS 的基本要求是相似的，但在数据采集、数据模型、数据结构、系统维护和界面设计等方面三维 GIS 比二维 GIS 要复杂得多。

目前的商业 GIS 提供的三维功能，往往是一些简单的三维显示和操作功能。这与真三维表示和分析还有很大差距。真正的三维 GIS 必须支持真三维的矢量和栅格数据模型，支持以数据模型为基础的三维空间数据库，在此基础上对三维数据实现空间操作和空间分析。

三维 GIS 理论和技术主要指三维数据的结构、三维数据的生成、三维数据的管理和操作及三维数据的显示。目前，三维 GIS 的研究已成为 GIS 的研究热点之一。

（2）时态 GIS（Temporal GIS）理论和技术

传统的 GIS 只考虑地物的空间特性，忽略了其时间特性。从本质上讲，现实中的地理信息是随时间变化的，地理时间特性是对地理实体的时间尺度和时态关系性的描述。空间地物除了具有三维空间中的空间性质外，如何刻画时间维的变化也十分重要。为观测和分析空间信息随时间的变化，有效地管理历史变化数据、重建历史、监测变化状态及预测未来，需要在 GIS 中引入时间维，从而形成时态 GIS，即 TGIS。

TGIS 的理论和技术，主要研究能组织、管理、操作时空数据的高效时空数据模型，以便能快速存取时空数据、表达时空数据的语义、实现时空数据的一体化管理。目前，TGIS 的研究已成为 GIS 的研究热点之一。

（3）地理信息建模系统（Geographic Information Modelling System，GIMS）

GIS 的生命力在于它具有空间分析功能，而 GIS 提供的通用空间分析功能对于大多数的应用问题是远远不够的，因为每个领域都有自己独特的问题。GIS 能成功应用于各领域的关键在于支持建立该领域特有的专用分析模型。

地理信息建模系统提供支持面向用户的空间分析模型的定义、生成和检验的环境，实现基于 GIS 的领域中分析、建模和决策。地理信息建模系统也是目前 GIS 研究的热点问题之一。

(4) 面向对象理论和技术

面向对象方法为人们在计算机上直接描述物理世界提供了一种适合人类思维模式的方法，面向对象的技术在 GIS 中的应用，即面向对象的 GIS，已成为 GIS 的发展方向。这是因为空间信息较之传统数据库处理的一维信息更为复杂、琐碎。而面向对象的方法为描述复杂的空间信息提供了一种直观、结构清晰、组织有序的方法，因而备受重视。

2.7.2 从应用角度看 GIS 的发展趋势

从应用的角度看，GIS 将向数据标准化、系统集成化、平台网络化、开发组件化、应用社会化方向发展；从系统的内部看，GIS 技术将逐步走向数据采集自动化、空间数据和属性数据组织的一体化、数据结构的标准化和空间分析功能的多样化方向发展。

(1) 数据标准化

数据标准化意味着 GIS 数据结构及数据交换格式的标准化、GIS 基础数据接口的标准化、元数据的标准化等，包括建立开放 GIS（Open GIS）的互操作标准，寻求 GIS 数据和空间数据处理服务的标准方法等，使 GIS 市场从单纯的系统驱动转向数据驱动。

(2) 平台网络化

平台网络化意味着 GIS 的工作平台将逐步从单机转入网络工作环境。GIS 与网络技术相融合，形成一个网络化的地理空间集成平台，是当前 GIS 研究领域的重要方向之一。GIS 的网络化有利于充分利用计算机资源、增强协同处理业务的能力、进行业务监控、方便查询和统计。GIS 引入互联网（Internet/Intranet），使 GIS 可实现网上发布、浏览、下载，实现基于 Web 的 GIS 查询和分析。如政府办公信息系统中实现面向公众的信息发布，可增加政策的透明度，有利于政府部门领导对部门业务的了解，方便信息的共享和传输。因此，作为 GIS 软件网络化应用的一个重要方向的 Web GIS 近年来发展很快。

(3) 开发组件化

组件式软件技术已经成为当今软件技术的潮流之一，基于组件技术进行开发是软件开发的一次革命。开发组件化主要是指基于组件 GIS 来开发 GIS 工具平台和各种 GIS 应用平台。组件式 GIS 代表着当今 GIS 发展潮流。

(4) 系统集成化

系统集成是为了实现某个应用目标而进行的，基于计算机硬件平台、网络设备、系统软件及应用软件等组合而成的，具有良好性能/价格比的计算机应用系统的全过程。

GIS 的软件集成主要包括数据集成和功能集成两个方面。面向对象技术和部件式对象模型（Component Object Model，COM）为 GIS 软件功能集成（开发）奠定了技术基础。

组件式 GIS 的推出为其他信息系统与 GIS 的集成提供了新的技术解决方案，分布式数据库系统和开放数据库互连等相关技术为关系型属性数据的集成提供了有效的技术途径。

（5）应用社会化

应用社会化意味着 GIS 的应用范围将随着上述技术的发展不断拓宽，最终走入千家万户。GIS 的设计是一个复杂的系统工程。为了设计出一个实用化的 GIS，不仅需要强大的计算机硬件和软件系统的支持，而且需要设计专门的数据模型、数据结构以及各种数据处理方法。

第三章 空间数据采集与处理

考古 GIS 中使用的数据包括考古遗址的空间数据和属性数据及其相互间的连接。空间数据是指各种遗迹所处的空间位置，属性数据是指遗迹的内容、说明等。空间数据包括地形图、专题地图、遥感影像等等。空间数据的输入就是将这些图形或影像运用数字化仪、扫描仪等设备输入到计算机中的过程。属性数据包括现有的各种考古资料，即考古钻探、发掘的所有记录、分析资料、研究论文、报告、专著等等。各种数据都需要进行一些处理，然后才能输入到 GIS 之中进行分析和研究。

3.1 地图、地形数据

地图、地形数据来源于各种类型的普通地图和专题地图。地图的内容丰富，图上实体间的空间关系直观，实体的类别或属性清晰，具有很高的精度。地图、地形数据是整个考古 GIS 建设与研究的基础数据，是进行各种空间分析的依据，在 GIS 中具有重要的地位。

地图是根据一定的数学法则，使用专门符号（包括注记和符号），经过制图综合将地球表面缩绘于平面上的图件。它能反映各种自然现象和社会现象的空间分布、联系、变化和发展。地图不仅是区域性学科调查研究成果的一种表达形式，而且是许多部门和学科赖以分析研究、量算数据、综合评价、分析预报和指挥调度等的重要资料。

地图按内容可分为普通地图和专题地图（专门地图）。按比例尺可分为大比例尺图、中比例尺图、小比例尺图。按制图区域可分为世界地图、全国地图、分省地图等。

普通地图就是以同等详细的程度表示地面各种自然现象和社会经济现象的地图。比较全面地反映地面各种基本要素（水系、地貌、土壤、植被、居民地、交通网、边界线、独立地物等等）；可以分为地形图和地理图。从测绘部门购买的 1∶5 万等比例尺地形图就是普通地图。

专题地图就是突出反映某一种或某几种主题要素或现象的地图（如交通图、遗迹分布图），它也可以在普通地图的基础上着重表示某个专门要素（如地质图、气象图）；可以分为自然地图和社会经济地图。其表示方法目前有范围法、质底法、符号法、等值线法、点值法和统计图法等。

3.1.1 空间数据的坐标系

3.1.1.1 地理空间坐标系

在测量学中，设想完全处于静止状态的平均海水面，向大陆下延伸所形成的封闭曲面称为大地水准面。由于地球外壳物质分布不均匀以及地面起伏等因素的影响，大地水准面是一个不规则的曲面，计算起来将非常困难。为此，用一个与大地水准面极为近似，并可以用数学公式表示的规则球面来代替，这个规则球面围成的球体称为地球椭球体。

地面点的位置用坐标法确定。测量学中常常把地球自然面上的点沿铅垂线方向投影到椭球面上，并在椭球球面上建立坐标系统来确定它们的位置；再确定地面点到大地水准面的铅垂距离，即地面点高程。地理空间坐标是一个球面坐标，用经纬度来表示。

在地球上，地球自转轴线与地面相交于两点，这两点就是地球的北极和南极。通过地球的旋转轴可作无数个平面，每一个平面都称为子午面，子午面与球面的交线称子午线。其中通过英国伦敦近郊格林尼治天文台（旧址）的子午面为起始子午面，经度分别向东、西计算，由0°到180°，起始子午面以东称为东经，以西称为西经。某点的经度就是通过该点的子午面与起始子午面的夹角。同时，垂直于椭球旋转轴也可作无数个平面，它们与椭球面的交线称为平行圈或纬线，其中过球心的垂直面称为赤道面，赤道面与球面的交线称赤道。纬度是以赤道面为纬度起始面，分别向两极计，由0°到90°，赤道以南称为南纬，以北称为北纬。

3.1.1.2 平面坐标系

地理空间坐标是一种球面坐标。将地球椭球面上的点投影到平面上时，需要建立平面坐标系。平面坐标系分平面直角坐标系和平面极坐标系，平面直角坐标系用直角坐标法，也称笛卡儿坐标法来表示地面点的平面位置；平面极坐标系用极坐标法，即用某点到极点的距离和方向来表示地面点的平面位置。在GIS中主要使用平面直角坐标系，平面极坐标系主要用在地图投影理论研究中。

3.1.2 高斯平面直角坐标系

地球表面是一个不可展开的曲面，采用球心坐标系或地理坐标系确定的点位一般适用于少数高级控制点，而对于大量的地面点位来说则显得很不直观，而且计算极为不便，测量中的计算和绘图最好是在平面上进行，球面上的点需要通过地图投影的方法化算到平面上。地图投影的方法很多，我国采用高斯地图投影的方法。

高斯投影的方法首先是把地球按经线划分成带，称为投影带，每隔 6°（或 3°，或 1.5°）划为一带，自西向东将整个地球划分成 60 个带，带号从首子午线开始，用阿拉伯数字表示，位于各带中央的子午线称为该带的中央子午线，任意一带中央子午线的经度 L_0 可按下式计算：

$$L_0 = 6n - 3$$

式中 n 为投影带带号。6°投影带的带号、中央子午线及其经度情况如图 3.1 所示。

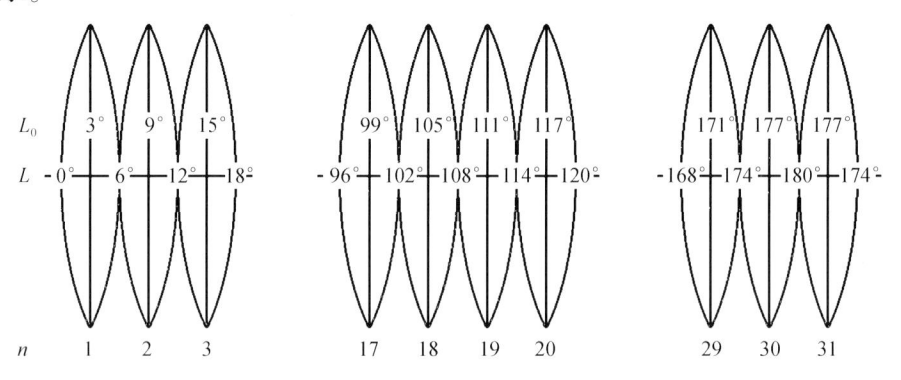

图 3.1 6°投影带及其中央子午线经度

进行高斯投影时，设想用一个圆柱面呈外切状态套在地球上，并规定圆柱面的中心轴与赤道面重合，圆柱面与地球的交线为某一条中央子午线，将地球这一投影带内的图形（距离、角度等）按照一定的数学关系投影到横圆柱面上，然后将横圆柱面沿母线展开成平面，就得到投影面上的相应平面图形（图 3.2）。在这个平面上，中央子午线与赤道的投影成为相互垂直的两条直线，分别作为高斯平面直角坐标系的纵轴（x 轴）和横轴（y 轴），两轴的交点 O 作为坐标的原点，同时规定 x 轴向北为正，y 轴向东为正（图 3.3 a，与数学中的坐标轴不一样）。

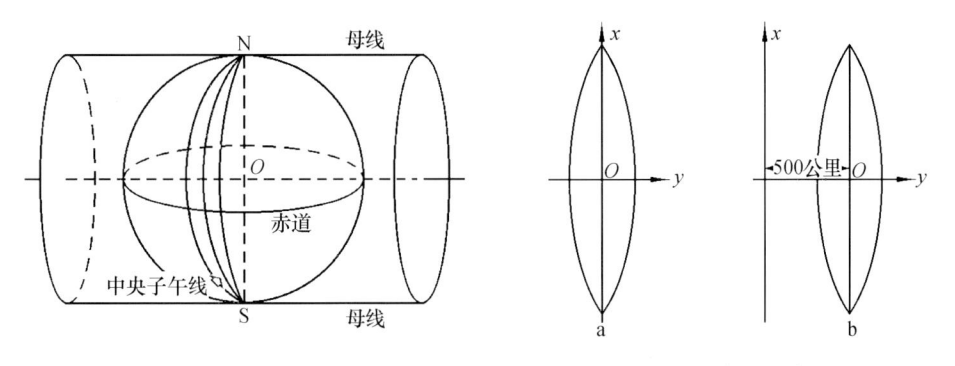

图 3.2　高斯投影模型　　　　　图 3.3　投影坐标系

我国位于北半球，境内 x 坐标值均为正数，y 坐标值则有正有负，为了计算方便，将每个投影带的坐标原点向西平移 500 公里，使整个投影带中任意一点的横坐标 y 都为正值（图 3.3 b）。而且为了区分不同的 6°投影带内的横坐标值，还在横坐标值前面加上带号。例如某点的横坐标值为 16 362 850 米，表示该点位于 16 号投影带内，位于中央子午线以西 500 000 - 362 850 = 137 150 米。

在高斯投影中，离中央子午线越远的点变形越大，为了控制变形，有时采用 3°带甚至 1.5°带进行投影。我国 1∶5 万、1∶10 万、1∶20 万、1∶50 万比例尺的地形图都是采用 6°带投影，1∶1 万比例尺的地形图采用 3°带投影。

我国 20 世纪 50 年代采用克拉索夫斯基椭球建立的坐标系是参考坐标系。由于大地原点在苏联，便利用我国东北边境呼玛、吉拉林、东宁三个点与苏联大地网联测后的坐标作为我国天文大地网起算数据，然后通过天文大地网坐标计算，推算出北京某一点的坐标，故命名为 1954 年北京坐标系。后来使用这个坐标系进行了大量测绘工作，现在使用的很多地形图都是 1954 年北京坐标系的。但是这个坐标系存在一些诸如参考椭球长半轴偏长，椭球基准轴定向不明确，椭球面与我国境内的大地水准面不太吻合，点位精度不高等问题。

为了克服 1954 年北京坐标系存在的问题，充分发挥我国原有天文大地网的潜在精度，于 20 世纪 70 年代末，对原大地网重新进行平差，大地原点选在陕西省永乐镇，椭球面与我国境内的大地水准面密合最佳，这个坐标系称为 1980 年国家大地坐标系（也称为 1980 西安坐标系）。平差后，其大地水准面与椭球面差距在 ±20m 之内，边长精度为 1∶50 万。

3.1.3 地形图的内容

凡是图上既表示出道路、河流、居民地等一系列固定物体的平面位置，又表示出各种高低起伏形态，并经过综合取舍，按比例缩小后用规定的符号和一定的表示方法描绘在图纸上的正射投影图，都可称为地形图。正投影（也称为等角投影）是将地面点沿铅垂线方向投影到投影面上，并使投影前后图形的角度保持不变。

地形图一般是四周有图框，图框的方向通常表示为上北、下南、左西、右东，特殊情况应在图上绘出指北的方向。图上还应有比例尺、图例、坐标系、高程系及施测日期，图中有城镇、道路等人工地物和森林、湖泊、江河等自然地物，有高山、陡坎、冲沟等地貌。图3.4是1980西安坐标系1:5万比例尺的标准分幅地形图图框及其周围的标注情况，下文对相关内容进行简单介绍。

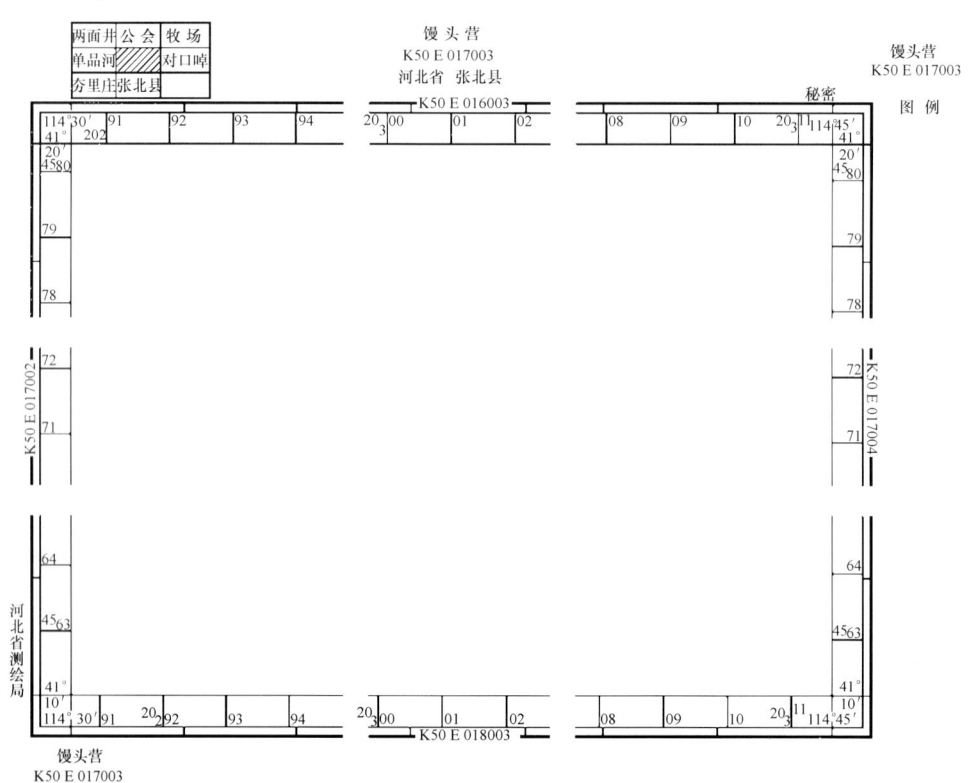

图3.4　1980西安坐标系1:5万比例尺的标准分幅地形图图框

1. 图框外左上方分为 9 个小格的区域为接边图，中间有斜线的小格表示本图幅，周围表示与本图幅相邻的 8 幅地形图的图名，没有图名的说明该图幅缺图。

2. 图框外上方正中自上而下依次为图名、图号、本图幅内的行政区划。图名与图号在图框外的左下角与右上角还有标注，主要是为了便于查阅。

3. 图框外右上角的"秘密"二字表示该地形图受国家保密法的约束，很多内容不能公开发表，如发表，需经有关部门审核。

4. 图框外右侧一般是图例，表示本图幅内一些不常见符号分别表示什么地物，常用符号一般不在此区域标注。

5. 图框外左侧下部表示测绘单位的名称。

6. 图框外下部中央是本图幅的比例尺，由数字和图解两种形式表示。下部两侧有成图的时间、方式、采用的坐标系统、高程系统、等高距、地形图图式的版本号等，还有三北方向图（磁北、真北与坐标纵线之间的夹角）、坡度尺，有时候还会有一些标注的内容。

7. 最外层图框线四边的中央是相邻四幅地形图的图号。往内粗线与细线之间的长条区域被均匀分割，表示经纬度，每小格表示 1′。1∶5 万地形图的经差是 15′，纬差是 10′，所以横向是 15 小格，纵向是 10 小格。每小格分成 60 等份后，每份就是 1″。根据经纬度格网可以量算地形图内任意一点的经纬度。

8. 经纬度格网再往内就是坐标格网，表示图幅内大地坐标的布局情况。1∶5 万地形图的坐标格网间隔是 2 厘米，表示实地 1 公里的距离，所以又称公里格网。各格网上标注的数字就是实地所在的坐标数值。其中横坐标数值的前两位表示本图幅所在投影带的带号，如图中的 20291 就表示投影带的带号是 20，东坐标的值是 291 公里。

9. 图幅中央表示各种地物与地貌要素，在比较平坦的城镇等地区，图上表现的地物很多，而较少反映地貌情况，有时为了表示地面的高低起伏，在若干点位上注明高程，这些点称为高程点。在地形起伏较大的丘陵地带或山区，需要用大量的等高线来表示地面的起伏状况。

3.1.4　地形图的矢量化

本书研究实例中涉及的各区域考古调查都产生了大量的图形，古代聚落的位置、范围等内容都标注在 1∶5 万或 1∶1 万比例尺的地形图中。所以首先需要对这些地形图进行数字化，以便在计算机中对地形图数据进行处理，建立考古 GIS 数据库，实现空间分析功能。

扫描数字化可以将图形、图像（如线划地形图、黑白或彩色的遥感影像等）快速、高精度地扫描数字化后输入计算机，经图像处理软件分析和人机交互编辑后，生成可供使用的图形数据。扫描数字化的自动化程度高，操作人员的劳动强度小，数字化的速度快、精度高、操作简便。目前地形图扫描数字化的软件已经非常成熟。扫描数字化已成为地形图数字化的主流技术，能够将扫描的图形进行分层矢量化，在信息化工作中发挥了重要的作用，得到了广泛的应用。

地形图扫描到计算机中之后，需要根据地形图上的坐标格网对图幅进行纠正，减少扫描误差的影响。纠正时选择图幅四个角点和中部的一些坐标格网交叉点。其中坐标格网交叉点的坐标值直接从地形图上读取，四个角点的坐标根据相关软件计算，然后在 ENVI 等软件中进行纠正。

彩色图形需要进行色彩调整，使其满足数字栅格图对色彩的要求，实现 16 色彩色模式，使等高线、水系等同一类线条分别以单一色彩表示，便于计算机自动或半自动跟踪（图 3.5）。这一处理过程可以在 Photoshop 软件中得以实现，首先将扫描后的 RGB 图像模式转换成 256 色索引颜色模式，然后通过魔棒工具，设定合适的容差数值，选择某一种颜色的线条，再运用"编辑"菜单中的"填充"功能，将被选择的部分以一种颜色替代。如此多次才可以将某一种要素的线条以单色显示。

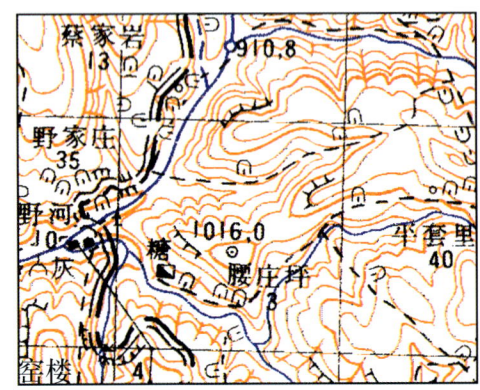

图 3.5　地形图进行色彩调整前后的局部效果

全自动跟踪矢量化是软件自动将图幅内的全部线条进行矢量化。这种方法非常快捷，但是矢量化后往往产生很多零碎的线条，凌乱不堪，需要化费更多的时间去修整,所以一般不便采用。半自动跟踪矢量化是操作员使用鼠标指定要矢量化的线条,软件会自动进行跟踪,遇到交叉点或线条断开时停止,需要操作员指定下一步应该跟踪的线条位置。每一类地物要素作为一个图层,一个图层跟踪结束后,再跟踪另一个图层。

地形数据主要来自地形图中数字化的等高线,其中计曲线、首曲线、间曲线等都分成不同的类别,给予不同的代码进行矢量化,同时给予每根等高线赋予高程数值。半自动跟踪过程中,需要根据等高线的特性,处理好等高线与山脊线、山谷线(河流)之间的关系。等高线之间不能有交叉,遇到陡坎、陡坡时,可以只跟踪出陡坎、陡坡之上、之下的等高线,中间的等高线断开。等高线与山脊线、山谷线(河道)应该相互正交。地形图中冲沟、河床等处有时没有绘制等高线,应该根据标注的高程点等相关信息,确定等高线大致的位置(图3.6)。

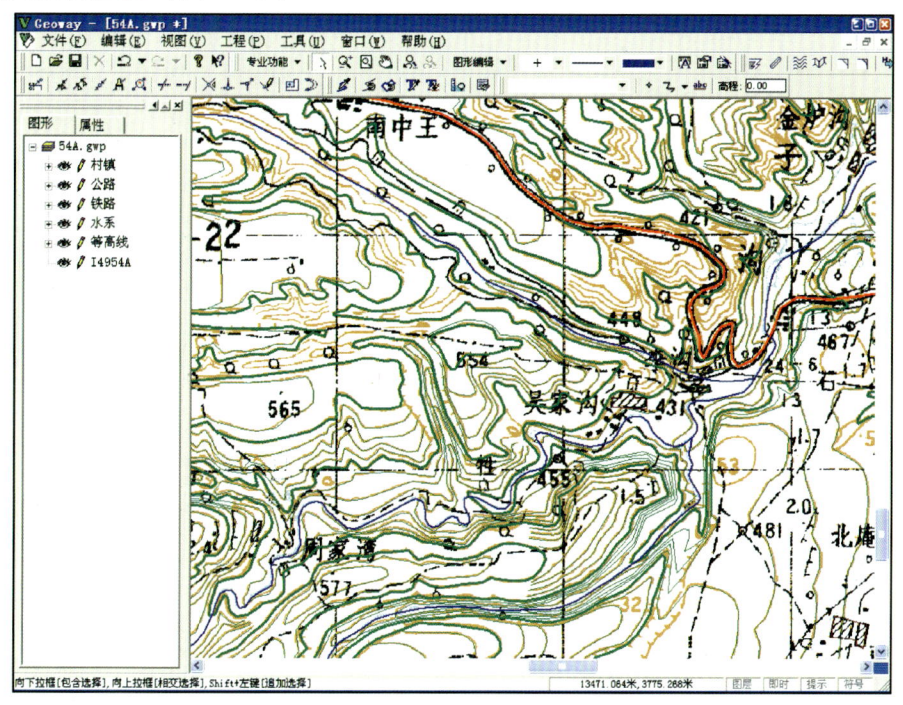

图3.6 地形图数字化后生成的矢量要素

聚落考古GIS项目中,一般只将水系、道路、居民地等地物要素进行矢量化,单独分层处理。水系中的面水系与线水系、道路中的铁路与各种等级的公路、居民地中的楼层数量等等,也都是可以通过不同的属性值加以区别的，以便在最后的分析中能够充分发挥 GIS 分析技术的强大功能优势。考古聚落的位置、范围等情况可以在矢量化时作为独立的一个图层，或根据聚落年代的不同分成几个图层。

各要素全部矢量化完毕之后，检查线条是否有遗漏、是否有违背等高线特性的地方、等高线高程数值是否正确，以及进行坐标配准、坐标系转换（3°或6°带）、地形图接边处理等等。笔者一般使用 GEOWAY 3.5 软件进行地形图数字化。矢量化完毕再指定标准的图幅名称、比例尺和地形图中四个角点的位置，就可以将数字化的各要素在 1954 北京坐标系或 1980 西安坐标系进行配准。如果使用其他软件进行矢量化，可以根据坐标格网上的坐标数值，对矢量化后的数据进行纠正和配准。

进行 3°投影带与 6°投影带之间的数据转换，可以使同一研究区域的 1:1 万（3°投影带）与 1:5 万（6°投影带）地形图中的要素都能够统一在同一个坐标系中，转换时需要指定转换后投影带的带号。有的时候研究区域正好跨两个投影带，则需要将其中一个投影带中的地形图数据转换到另外一个投影带之中，这样相邻投影带中的图幅才能够相互拼接。

最后将全部数据输出成 Auto CAD 的 DXF 格式文件，如有可能最好直接转换为地理信息系统等软件可以直接调用的 SHP 等格式文件。

3.2 遥感影像数据

影像数据主要来源于卫星遥感和航空遥感，包括多平台、多层面、多种传感器、多时相、多光谱、多角度和多种空间分辨率的遥感影像数据，构成多源海量数据，也是 GIS 最有效的数据源之一。

照相机拍摄的影像为中心投影影像，扫描仪接收的影像为多中心投影影像，当地面有起伏时会产生投影差。此外，一般情况下照相机和扫描仪对成像面很难进行垂直成像，因此影像还会产生一些变形，加之影像传感器产生的畸变，一幅影像中包含有多种变形，使其在应用中产生诸多的不便。为了使影像与地形图相互叠加，或不同影像之间能够相互融合，需要对一些遥感影像进行纠正、增强和融合等处理，以便综合各种遥感影像的优势，提高遥感影像的解译效果。

数字影像纠正是运用专门的计算机影像处理软件（如 ENVI 等），根据影像中明显点（控制点）的影像坐标及其在纠正后参考坐标系中的理论坐标，建立纠正前后控制点的坐标关系多项式，并利用一定数目控制点的坐标数值来解求多项式中的系数，然后根据此多项式对影像的每个像元进行纠正处理，对整幅影像重新采样，精确地改正影像中线性和非线变形（图3.7）。

能够进行数字影像纠正的软件很多，可以很轻松地完成影像纠正工作。采用多项式法纠正影像时，纠正结果影像的精度与选择控制点的精度、分布、数量及纠正范围有关。控制点的位置精度越高，则几何纠正精度越高。适当增加控制点的数量，可以提高几何纠正的精度，但过多地增加控制点的数量，不仅不会显著提高纠正精度，而且会增大选择控制点的工作量，有时甚至难以选出大量的控制点。同时，控制点应尽可能在整幅影像内均匀分布，否则控制点密集区几何纠正精度较高，而分布稀疏区将出现较大的拟合误差。影像纠正范围的边缘区域也应该有控制点。

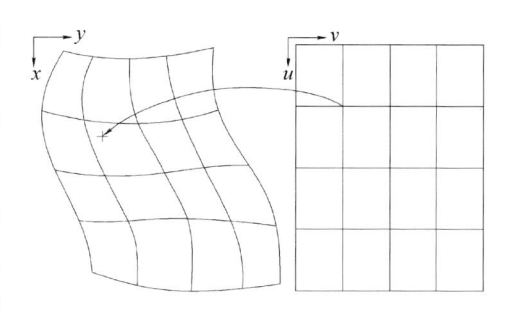

图3.7 影像纠正原理

控制点数目一般为：一次多项式有6个系数，至少需要3个控制点；二次多项式有12个系数，至少需要6个控制点；三次多项式至少需要10个控制点。实际应用中，控制点的数目应大于最少控制点数目很多。同时，在选择控制点时，应遵循以下原则：

（1）均匀分布：一般先在影像的四角和对角线交点附近选择控制点，然后逐渐加密，保证均匀分布。

（2）特征明显：尽可能选在明显地物点（如山顶、房角或道路、河流叉点）上。

（3）足够数量：每幅影像的控制点数量宜在25~35个。表面起伏较大、形状不规则时应该适当增加控制点数目。控制点的分布要能够最佳体现纠正区域的起伏状况（图3.8）。对于表面平坦的区域，而且基本上是垂直摄影获取的影像，则只需选其四个角点作为控制点即可进行纠正。

航空影像一般是全色黑白影像，高分辨率的卫星影像价格昂贵，所以经常需要将低分辨率彩色卫星影像与高分辨率黑白航空影像进行融合，生成新的高分辨率彩色影像，使其相互间能够取长补短，提高遥感影像的分析、研究效果。影像融合时，纠正后的卫星影像需要变换成Lab色彩模式，即亮度L、色彩a、色彩b模式，并分离成L、a、b通道的三幅灰度影像，然后用航空影像替换其中的L通道后，再合成一幅新的Lab色彩模式的影像。这样航空影像的分辨率就很好地与卫星影像的色彩结合在一起生成了新的影像（图3.9）。合成后的影像需要再转换成真彩色（RGB）模式，并且根据影像中地物的实际色彩对新影像的亮度、色彩进行调整，使之更接近于自然色彩，便于进行影像的判读和解译，最后保存新的影像。

图3.8 影像纠正时选择控制点的情况

a.卫星影像　　　　　　　b.航空影像　　　　　　　c.合成影像

图3.9 航空影像与卫星影像合成前后的效果

　　影像对地图的纠正和配准是在影像上选择控制点的位置后，要输入各控制点的大地坐标值，控制点的数量和密度合适后即可进行纠正。其中控制点的大地坐标值可以在配准完毕的地形图上选取。新生成的影像转换成GeoTIF格式输出后，会同时生成TFW格式的世界文件，使遥感影像与矢量要素具有统一的坐标系，能够在GIS软件中同时使用，作为GIS的基本数据，或者生成真实的三维模型，进行可视化分析。

3.3 属性数据

属性数据来源于各类考古调查报告、发掘记录、文献资料、解译信息、遗址的实测数据、地图数据等，聚落考古调查方面的属性数据均来自考古学家的野外调查记录。近年来，国内很多学者借鉴西方学者常用的拉网式田野考古调查方法，对一些典型区域（流域）中的古代聚落分布情况进行调查，取得了一批重要的聚落考古资料，使典型区域中古代人地关系的研究成为可能。

陕西七星河与美阳河流域的聚落研究中，由于调查范围较小，采用拉网式调查时研究人员间距一般保持在5米左右，密集调查，寻找地面陶片，揭示其分布状况。同时，考虑到中国北方黄土地貌的特点，调查中结合了对分布较密集的断崖、土坎和当地村民取土壕的详细观察。此外，还参考了以前的器物出土和调查发掘记录。通过几方面的综合分析，推断出每个遗址的大致范围、年代和主要遗存。然后，记录其范围，采集陶器和土样等标本，拍摄遗址地貌和出土陶片、器物等的数码照片，并利用导航型GPS测定遗址边缘的角点位置，大致勾绘遗址形状的图形。最后在室内根据GPS测量数据将聚落范围标绘在1∶1万地形图上，并且整理田野调查记录。聚落的面积则根据矢量化后聚落实体的范围，由GIS软件进行计算。在GIS中聚落的属性表格设置为"遗址编号"、"遗址名称"、"遗址年代"、"遗址位置"、"主要现象"、"遗址面积"、"参加人员"、"调查时间"、"图片链接"等字段。

河南洛阳盆地的每次调查由二里头工作队研究人员和技工6~8人组成，成员大多能够根据陶片特征判断其年代。对拉网式踏查区域内的所有地面采集可供断代的陶片等遗物，并把发现的遗物和遗迹现象标注于1∶1万地形图上，详细记录地面踏查经过和发现情况。调查者之间的距离一般在20~30米之间。如果从沟渠等剖面的观察中发现遗存贫乏的区域甚至空白区地段，调查者间隔50米左右，距离进一步加大时则采取"之"字形路线行进。对于遗存密集分布区进行集中复查，确认其分布范围及断崖沟坎剖面所显现的遗存分布状况，简单清理暴露在地表的灰坑等遗迹。一般以100米距离内至少发现3~5片同时期的陶片作为界定一个聚落的最低标准。同时，尽可能根据聚落存在状况、所处微地貌甚至目前属地，分析其遗物散布范围的成因，尽量排除近现代人类行为的影响。依据地表陶片的分布情况，尽可能区分跨时代的聚落在不同时期遗存分布范围的不同。调查中使用导航型 GPS 确定聚落的位置。室内整理中校核标本所属的时代、文化内涵及具体期别，并将不同文化、不同期别的聚落范围分别标注于 1∶1 万地形图上。此外，还通过对现地貌的观察，利用陡坎、取土坑等剖面，尽可能地收集与地质、环境有关的信息线索。

其他区域中聚落属性数据的来源也基本类似。只是有的区域调查中只是记录了聚落的中心位置，并且在实地标注于 1∶5 万地形图上，聚落的面积也是在实地估计而得出的数值。

3.4 元 数 据

元数据就是关于数据的数据，是一种说明性数据，在地理空间信息中用于描述地理数据采集的内容、质量、状况、表示方式、空间参考、管理方式及其他特征，通过建立空间数据的元数据库并进行有效管理，使数据获取更加容易，这已成为信息资源实现有效管理和应用的重要手段。空间数据的元数据是实现地理空间信息共享的核心标准之一。

3.4.1 元数据的类型

不同性质、不同领域的数据所需要的元数据内容会有差异，即使同一领域不同应用目的的元数据内容也会有很大的差异。进行元数据分类研究的目的在于充分了解和更好地使用元数据。分类原则不同，元数据分类体系和内容将会有很大的差异。

根据元数据体系可分为科研型元数据、评估型元数据和模型元数据。

科研型元数据主要是帮助用户获取各种来源的数据及其相关信息，它不仅包括诸如数据源名称、作者、主体内容等传统的、图书管理式的元数据，还包括数据拓扑关系等。

评估型元数据主要服务于数据利用的评价，内容包括数据最初收集情况、收集数据所用的仪器、数据获取的方法和依据、数据处理过程和算法、数据质量控制、采样方法、数据精度、数据可信度、数据潜在应用领域等。

模型元数据的内容包括模型名称、模型类型、建模过程、模型参数、边界条件、作者、引用模型描述、建模型使用软件、模型输出等，与描述数据的元数据在结构上大致相同。

根据元数据描述对象分为数据层元数据、属性元数据和实体元数据。

数据层元数据是指描述数据集中每个数据的元数据，内容包括数据的最近更新日期、实体的物理地址、量纲、注释、误差标识（可通过计算机消除）、缩略标识、存在问题标识（如数据缺失原因）、数据处理过程等。

属性元数据包括为表达数据及其含义所建的数据字典、数据处理规则（协议），如采样说明、数据传输线路及代数编码等。

实体元数据描述整个数据集的元数据，内容包括数据集区域采样原则、数据库的有效期、数据时间跨度等。

3.4.2 空间元数据的表达

目前，很多 GIS 软件开发商都提供空间元数据管理工具或提供一些一般性的空间元数据管理系统，如 ArcGIS 9.x 中 Arc Catalog 直接支持多种常用的元数据，并提供了输入元数据存储方案的编辑器和浏览功能。但对空间元数据的表达大都采用文本性描述语言，实际上相当于建立了空间数据的索引信息。

文本性描述语言用来描述空间元数据具有通俗易懂，便于编辑等优点。但存在一些缺点：如元数据描述文本和被描述数据联系不够紧密、表达方式不够简洁、易产生语义上分歧、不利于空间元数据的标准化管理等。因此出现了基于 XML 的空间元数据表达方式及其元语言标准。基于 XML 的空间元数据表达方式克服了用文本性描述语言来描述空间元数据的缺点，使不同元数据标准描述的空间元数据交换和集成成为可能。

3.5 空间数据的分层

基本数据准备完毕，即可在 GIS 软件的支持下，分别建立各研究区域的聚落考古 GIS 数据库，依次调入配准好的栅格数据与矢量数据，建立与编辑属性数据库（图 3.10）。

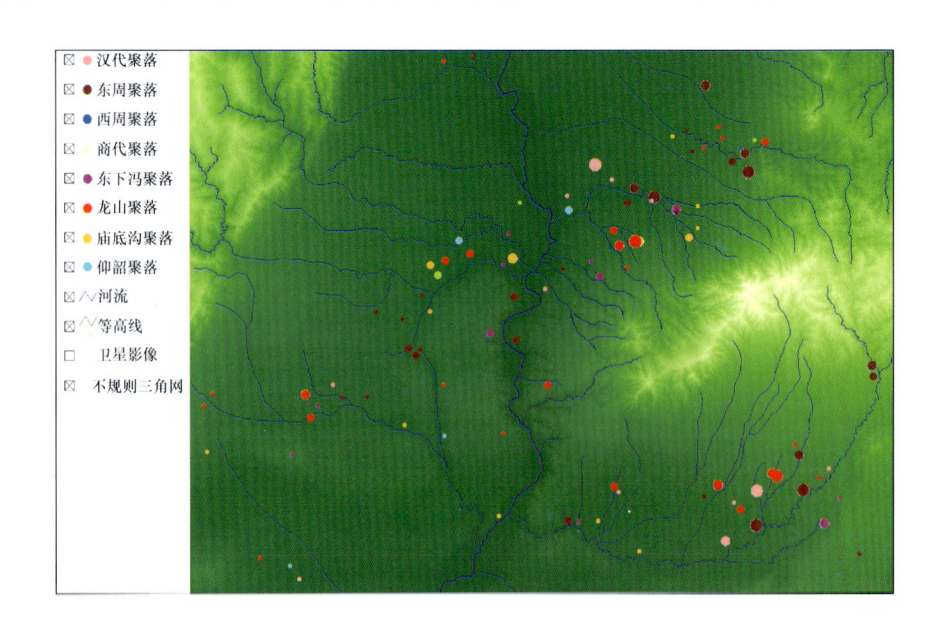

图 3.10　临汾盆地聚落 GIS 项目的数据结构

GIS 数据库中往往有很多数据，需要将数据按逻辑类型分成不同数据层进行组织和管理。在栅格数据结构中，每类属性数据常用一个独立的层来表示，因此，理论上栅格数据层的数量是不受限制的。在矢量数据结构中，常按空间数据的逻辑关系或专业属性进行分层。例如，地形图数据可分为地貌、植被、水系、道路、居民点等图层。当对某地区的地形进行分析时，需要将相关的图层进行统一的分析、处理和显示。

空间数据分层后，各层数据常具有同类的空间特性（点或线或面）、相同的使用目的和方式、同类的数据源、同类的属性信息、各层图具有同样的比例尺。空间数据可以按专题、时间和垂直高度进行分层。

数据的专业类型是数据专题分层的主要依据，按空间数据的类型和属性进行分层，可简化处理过程和方法。如将一个区域内卫星影像、等高线、水系等分别作为一个图层。但有时需适当考虑数据间的关系及不同数据类型的应用功能，例如为了分析水资源问题，可将河流、湖泊、水库、沟渠、水井放在同一图层，以便于分析。

时间序列分层的实质是用不同时间的图层来表示时态空间数据，补偿目前静态 GIS 无力表示动态空间数据的问题。如一个区域内不同时期的古代聚落分布图层。

按地面垂直高度分层是用不同高度的图层来表示三维空间数据,补偿目前二维 GIS 无法表示三维空间数据的问题。

GIS 数据库中诸多要素的排列方式也需要做合理的安排,以便在同时显示诸多属性时,上面图层对下面图层的叠压和覆盖最少。一般情况下,以遥感影像或数字地面模型等栅格数据作为底图,然后再依次叠加等高线、水系、道路、居民地等现代地物,最后再依次加入面状、线状、点状等的考古遗迹图层。

聚落要素排列时,考虑到从早到晚的先后关系,一般都是从下到上排列。但是这样排列也存在着一些问题。比如同一个地点晚期聚落的规模往往比早期有所发展,面积上有所增加。几个时期的聚落同时显示时,晚期聚落会遮挡早期的聚落。考虑到多时期聚落同时显示的情况并不多见,空间分析时经常要研究某一时期聚落与环境要素的关系,所以本书研究中聚落要素的时间先后都是从下到上排列。

3.6 考古发掘中 GIS 的建设

考古 GIS 的建设首先应该表现在考古发掘中,发掘墓葬或探方中的所有数据都可以在 GIS 中进行组织,建立考古发掘的图文数据库。图 3.11 为一个考古发掘区的局部图形,探方大小为 5 米×5 米,在 GIS 中建立建筑基址、灰坑、墓葬、古代水渠等四个遗迹图层,此外还有 5 米×5 米与 25 米×25 米的探方格网、发掘区域范围等图层,现代地物图层信息没有显示。每个遗迹图层还有对应的属性表,存储属性信息。例如墓葬图层可以设置有编号、位置、方向、文化属性、年代推测、发掘面积、发掘经过、相关遗迹、层位关系、距地表深度、保存状况、茔域、地面建筑、形制与规格、壁龛、葬具、人骨、堆积层次、工具痕迹、取样情况、存在问题、附图号、附表号、照相号、摄像号、备注、记录者、记录日期等字段,用于记录每个墓葬的相关属性。其他遗迹图层中的属性表可以根据具体情况设定相应的字段,记录考古发掘中的大量信息。

在属性表各字段的设置时,需要根据每个字段的内容选择字段类型。例如"墓葬面积"选择数字类型,"发掘经过"、"相关遗迹"等选择文本类型,"记录日期"选择日期类型等等。同时还需要设置各字段的大小,一般按每个汉字为 2 字节计算,字段大小设定后,输入该字段数据的字数就会受到限制,所以应该根据具体情况而定。字段设置情况与 Microsoft Office 中 Access 类似。

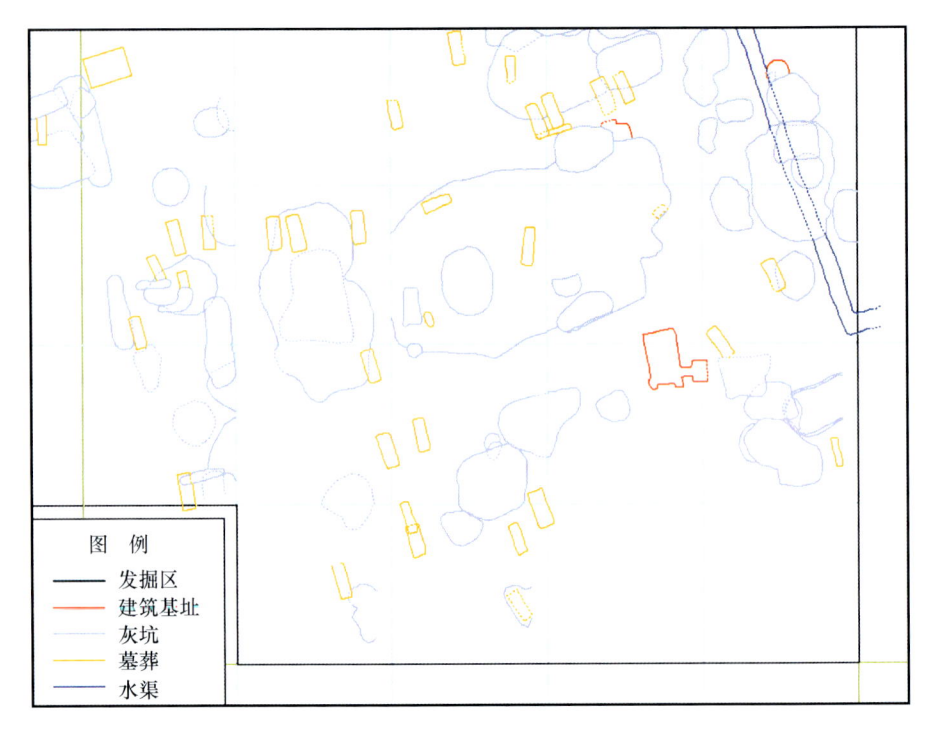

图 3.11　田野考古发掘 GIS 系统

考古发掘中各墓葬、灰坑、建筑基址等的详细图形也都可以通过 GIS 进行表示，甚至表现墓葬中的器物、陶片分布等细节特征。然后针对不同的图层设置不同的显示比例，以便在不同显示比例的情况下，更好地展示特定的要素。发掘工作结束后，整个发掘区的 GIS 建设可以同时完成。这种资料应该最为清晰、全面，对整理发掘报告、开展后续工作以及遗址的保护规划等都具有重要的价值。

田野考古发掘 GIS 系统建成之后，可以根据需要进行空间叠置、查询等分析和研究，输出所需的各种图形、表格。生成的图形文件可以转换为 DXF 甚至是 TIF 格式，满足报告发表和展示等需要。

第四章 空间分析技术

4.1 空间分析概述

空间分析是 GIS 的重要功能，是 GIS 区别于一般信息系统的关键特征，更是评价 GIS 系统性能的一项主要指标。空间分析是基于地理对象的位置和形态特征的空间数据分析技术，其目的在于提取和传输空间信息。在 GIS 技术应用研究中，需要根据已有空间数据的特征，运用 GIS 软件的特殊原理和算法，生成多种空间数据模型，充分展示数据之间的联系及其变化特征，对空间数据进行操作、处理、分析、模拟和决策。

由于 GIS 空间数据库中存储了包含空间特征的空间信息以及与应用相关的专题信息，因此 GIS 空间分析包含空间数据的空间特征分析、空间数据的非空间特征分析以及空间特征和非空间特征的联合分析。

空间特征分析从空间物体的位置、关系等方面去研究空间事物，最后对空间事物做出定量的空间描述和分析，考古 GIS 中能够对古代聚落与典型器物的分布、形态、演变等进行研究。

非空间特征分析主要是对空间物体和现象的分析，主要通过数学（统计）模型来描述和模拟空间现象的过程和规律。这类分析采用的方法主要是统计分析方法，尤其是多元统计分析方法，如主成分分析、聚类分析、相关分析、趋势面分析等。分析过程中不考虑数据抽样点的空间位置，但由于空间特征数据和非空间特征数据间存在着对应关系，其结果同样能够反映空间现象和规律。

空间特征和非空间特征的联合分析在实际中大量使用，通常是通过空间特征分析获得空间位置信息，然后，再根据非空间特征分析获取区域内的专题信息。

总之，空间分析通过对空间数据的分析处理，获取地理对象的空间位置、空间分布、空间形态、空间演变等新信息。空间分析的对象是空间数据，这些数据具有空间位置、空间关系、时序性、多尺度、多维性和海量数据等特点。空间分析不仅需要考虑空间实体位置、属性特征，还要关心空间实体间的拓扑关系、空间分布组合、距离和方位、空间交互，这样才能刻画空间数据的分布模式，探索和模拟各种分布模式的关系，以提高对空间实体的预测和控制水平。

GIS系统提供的空间分析方法很多，各类系统提供的分析能力的差异性也很大。但目前的GIS系统基本上都具备查询检索分析、空间形态分析、地形分析、叠置分析、邻域分析、网络分析、图像分析、空间统计分析等功能。有时也需要在GIS支持下，通过建立一定的数学模型实现地理现象的分析和模拟，这是GIS应用深化的重要标志。

4.2 空间数据的量算

GIS软件都能够进行长度、面积和体积量算。矢量数据中可以根据点位坐标计算两点之间的直线距离，能够基于梯形面积公式的计算方法解算多边形的面积。栅格数据的长度计算分4邻域方向长度计算和8邻域方向长度计算，四方向长度计算根据相邻栅格单元在水平和垂直方向的距离来计算，八方向长度计算根据相邻栅格单元在八个方向的距离来计算。栅格数据的面积计算实质是统计多边形中栅格的数目。

空间数据的量算能够统计古代聚落、古城遗址等的面积，以及考古遗迹之间的距离、考古发掘的土方量等等。

4.3 空间数据的查询

空间数据的查询是GIS最基本的功能，它是GIS高层次空间分析的基础，也是GIS面向用户的直接窗口。通常，空间数据的查询要求交互式进行，其结果通过两个视窗把空间数据和属性数据同时进行显示。空间数据查询的实质是找出满足属性约束条件或空间约束条件的地理对象。因此，它既要便于用户选取空间数据，又要以可视化方式显示空间数据。在GIS中，用户的很多问题可通过查询解决，查询还能派生新数据。

从空间数据特性及其使用的角度将其分为基于属性特征的查询、基于空间特征的查询和基于空间特征和属性特征的联合查询。

4.3.1 基于属性特征的查询

基于属性特征的空间查询是通过给出属性约束条件，找出满足约束条件的地理对象，然后通过GIS系统进行空间定位。这类查询，从内部过程看，属于"属性到图的查询"。查询的实质是基于常规关系数据库的查询，所用查询方法通常由标准的 SQL 实现，然后，按照属性数据和空间数据的对应关系显示图形。

目前 GIS 系统都采用标准的 SQL 查询，通常 GIS 系统为用户提供 SQL 查询对话框，以帮助用户输入查找条件。当从对话框输入完查询条件后，系统进行语法错误检查，如有错误，必须进行修正后方可继续操作，直到语法检查正确，经确认输出查询结果。

4.3.2　基于空间特征的查询

空间性是空间数据的主要特征，空间特征的查询通常指以图形、图像或符号为语言元素的可视化查询。从查询的内部过程看，是属于"图到属性的查询"，这种查询首先借助于空间索引在空间数据库中找出空间地理对象，然后，再根据 GIS 中属性数据和空间数据的对应关系找出显示地理对象的属性，并可进一步进行相关的统计分析（图 4.1）。空间特征的查询可分为如下三类。

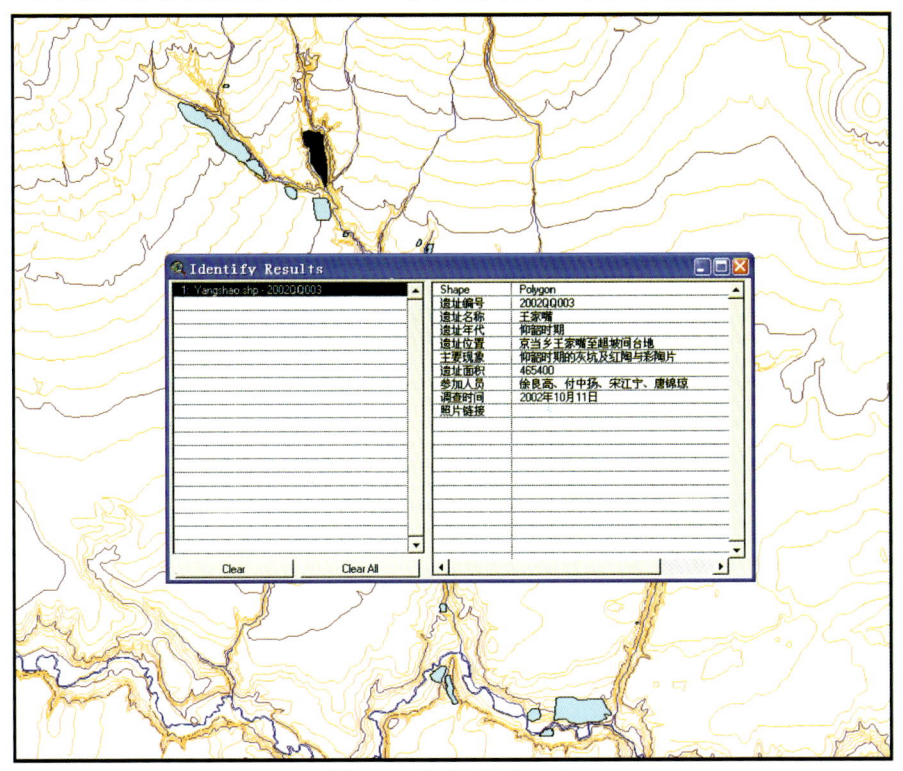

图 4.1　聚落属性的查询

（1）空间几何数据查询：主要根据空间目标的几何数据，分析计算不同地物（如线状地物）的长度、组成、坐标点数及面状地物的面积、周长等。

（2）空间位置查询：空间查询中最基本的查询功能，只要空间数据是同大地坐标进行了配准的，简单地点击空间点状地物，就可获取坐标点地理位置；点击线状地物，就可获取该线的长度及地理位置；点击面状地物，就可获取该面的周长、面积及其地理位置等。

（3）空间关系查询：空间关系查询主要指拓扑关系查询。这类查询可以包括同类要素间的邻接性查询、连通性查询、包含性查询、重合性查询、方向性查询等，以及不同类要素间的关联性查询、穿越性查询、落入性查询、方向性查询等。

当然，实际上进行空间关系查询时，不总是局限于某一查询功能，常需要多种查询联合起来才能完成某种查询功能。

4.3.3　基于空间特征和属性特征的联合查询

空间特征和属性特征的联合查询不是简单地由定位空间特性查询结果，显示相关的属性，也不是从属性特征的查询结果，显示相关的空间位置。空间特征和属性特征联合查询的实质是指查询条件中同时涉及空间特征和属性特征。

4.4　叠置分析

4.4.1　叠置分析概述

空间数据的叠置分析是 GIS 的重要功能，它以空间层次分析理论为基础，而空间层次分析理论的发展又同空间叠置分析的应用直接相关。

空间数据的叠置在图间进行，被叠置的图必须是同一地区、同一比例尺、同一投影方式，且各图均已进行了配准。图 4.2 是将遥感影像、等高线、水系和聚落分布等图层进行了叠置。

空间数据的叠置是将两幅或多幅专题图重叠在一起，以生成新图和对应的属性。叠置分析既能对存在的不同类型信息进行综合分析，又能通过图形叠置获取新信息。例如将某一时期的聚落分布与水系进行叠置，得到聚落分布与水系关系图。

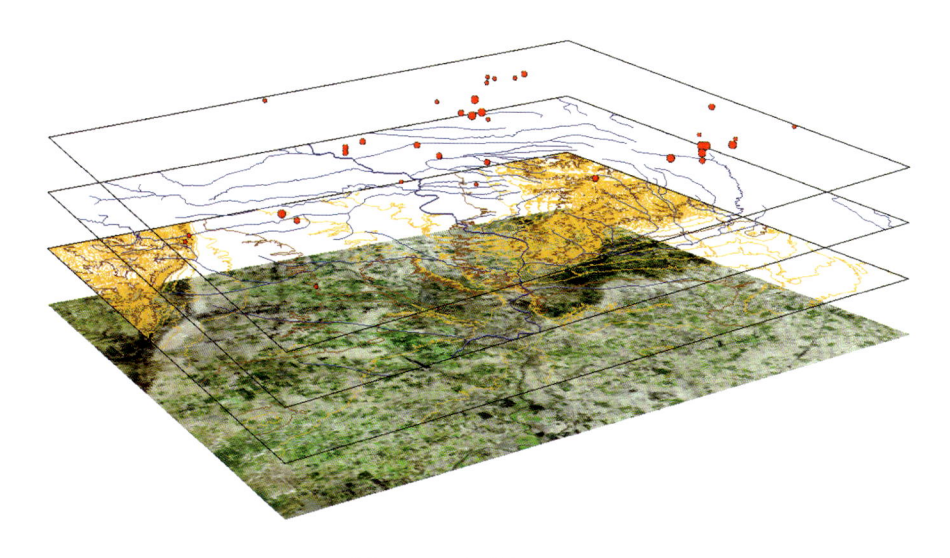

图 4.2　空间数据的叠置

4.4.1.1　按叠置方式分类

根据叠置方式不同，可以分视觉叠置、信息复合叠置。视觉叠置不改变参加叠置的空间数据结构，也不形成新的空间数据，只给用户带来视觉效果。信息复合叠置不仅要产生视觉效果，还要对参加叠置的多种空间数据进行重新组合，从而形成新的目标，产生新的图层。

4.4.1.2　按叠置对象分类

根据叠置对象的不同，叠置分析可分为点和面的叠置、线和面的叠置、面和面的叠置、线和线的叠置、点和点的叠置及点和线的叠置。其中面和面之间的叠置应用最广。

4.4.1.3　按叠置采用的数据结构分类

按叠置采用的数据结构可分为矢量叠置和栅格叠置。矢量叠置实质上是实现拓扑叠置，叠置后得到新的空间特性关系和非空间属性。栅格叠置能够得到新的栅格图，而在栅格叠置时，尤其是当叠加要素较多时，可能产生很多组合，其数量可能很大，使用户无法接受。这时需要在叠置前或叠置后进行聚合或聚类处理。

4.4.1.4 按叠置功能分类

按叠置功能可分为类型合成叠置、统计叠置、信息提取叠置。类型合成叠置是通过对两幅图进行交、并、差等叠置运算，求出交集、并集、差集；统计叠置是通过叠置统计出一种要素在另一种要素的某个区域内的分布状况和数量特征；信息提取叠置是通过建立几何图形，如圆、矩形、条带、不规则多边形等图形和被叠置信息进行叠置，以提取圆、矩形、条带、不规则多边形内包含的图形信息。

4.4.2 视觉叠置

视觉叠置的实质是将同一地区、同一比例尺的不同层面的图形信息进行叠加显示，从显示的叠置图上对它们间的空间位置、空间形态、空间关系进行视觉判断分析。本书研究实例中的很多数据叠置都是属于视觉叠置。

视觉叠置不改变原有数据的数据结构，不生成新数据，但它能够给用户带来视觉效果，帮助用户分析问题。视觉叠置主要包括下面几种。

4.4.2.1 不同要素之间的视觉信息叠置

通过点、线和面状图之间相互叠置，寻求特征信息在空间上的关联性。在这里强调的是叠置图之间的关系，而不是强调生成新的目标。例如，不同时期的点状聚落图层与线状水系图层叠置，分析聚落分布与水系的关系以及聚落的时间变化特征。

4.4.2.2 专题地图与遥感影像图的叠置

遥感与非遥感信息相结合是 GIS 与遥感相结合的基础。遥感影像是 GIS 的重要数据源，遥感分类图与专题地形图进行视觉复合，就可以简单、直观地解决某些"异物同谱"分类问题，从而提高遥感分类精度。

4.4.2.3 专题地图与 DEM 叠置显示立体专题图

将专题地图复合到数字高程模型上，可简单、形象、直观了解专题信息的三维空间分布。将聚落分布图与 DEM 等图层进行叠置后，可以分析不同聚落之间的空间关系（图 4.3）。

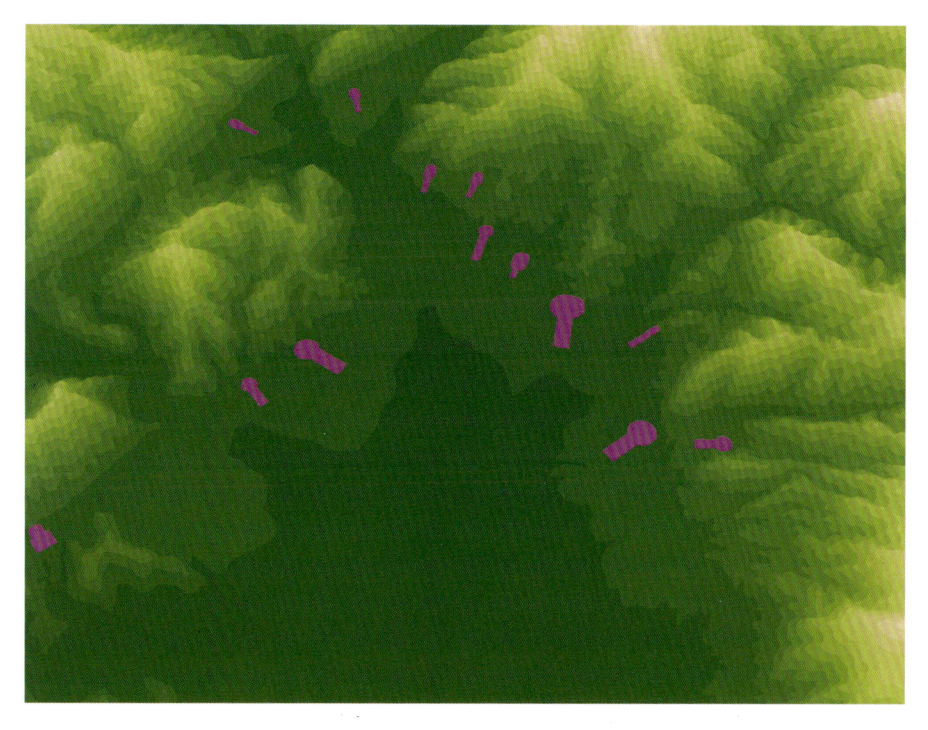

图 4.3　十三陵的 DEM 与陵墓图层叠置生成的立体专题图

4.4.2.4　遥感影像与 DEM 叠置生成三维地物景观图

将遥感影像图叠置到 GIS 提供的数字高程模型上，生成研究区域内的三维景观图，可简单、形象、直观地分析研究区域的三维空间特征，探究遗迹分布与自然环境之间的关系。

4.4.3　基于矢量数据的叠置分析

GIS 中数据叠置分析既可用矢量数据结构，也可用栅格数据结构，两者都能得到空间数据的新集合。以面状地物的叠置为例，矢量数据叠置得到的是新的多边形，栅格数据叠置得到的是新的数据集合。被叠置的对象都是指同一地区、同一比例尺的两组或两组以上的图层。

矢量数据叠置中常用的有统计叠置和类型合成叠置两种方式。

统计叠置不对叠置图件做分割和合并等位置分析，它的目的是精确地计算一种要素在另一种要素的某个区域多边形内的分布状况和数量特征，或者是通过叠置，统计某个区域范围内某种专题内容的数据，并输出统计报表或列表。例如，统计一个重要聚落周围5公里范围内的其他聚落分布情况，并且将统计结果通过图形和表格显示出来。

类型合成叠置实质上是拓扑叠置，这时需要对被叠置图做全面的空间叠置分析。类型合成叠置的目的是通过区域多重属性的模拟，寻找和确定同时具有几种地理属性的分布区域，或者按照确定的地理指标，对叠置后产生的具有不同属性级的多边形进行重新分类或分级。

类型合成叠置的结果形成新的多边形。例如，根据研究区域内水系图、坡度图、聚落分布图等要素，提取距离水系600米以内、坡度小于3°、聚落周围3公里以内的区域。

实际应用中，类型合成叠置经常会产生一些细碎图斑，这类图斑通常没有什么意义，可通过删除面积小于某一阈值的多边形，予以剔除。

4.4.4　基于栅格数据的叠置分析

栅格数据叠置操作比较简单，概念清楚，但数据量大、精度较低。栅格数据叠置的实质是在确定叠置操作的逻辑表达式后，计算栅格矩阵数据中每个像元的逻辑交、逻辑并、逻辑差运算及其组合运算，最后将每个栅格值赋予运算的结果，得到结果栅格矩阵。

栅格图层叠加的形式一般是二值逻辑叠加，常作为栅格结构的数据库查询工具，通常分为两步。第一步为每个条件创建一个新图层，通常是二值图层，1代表符合条件，0表示所有不符合条件；第二步进行二值逻辑叠加操作得到想查询的结果。

4.5　邻域分析

邻域分析是通过空间点周围的邻近点或某特定位置及方向范围内的邻近区域进行分析的一种方法，强调邻域几何分析，常见的有缓冲区分析和泰森多边形分析。

4.5.1　缓冲区分析

缓冲区分析（Buffer Analysis）是GIS常用的空间分析，这里所说的缓冲区是指GIS中基本空间要素点、线、面实体周围建立的具有一定宽度的邻近区域。从数据的角度看，缓冲区是给定空间对象的邻域，可以用邻近度描述地理空间中两个地物距离相近的程度。缓冲区分析是解决邻近度问题的分析工具，也是 GIS 中基本的空间分析工具。如聚落考古研究中，建立线状河流、点状或多边形聚落的缓冲区，然后再进行分析和研究。

缓冲区分点缓冲区、线缓冲区、面（多边形）缓冲区（图4.4）。其中多边形的缓冲区也可以向内拓展。

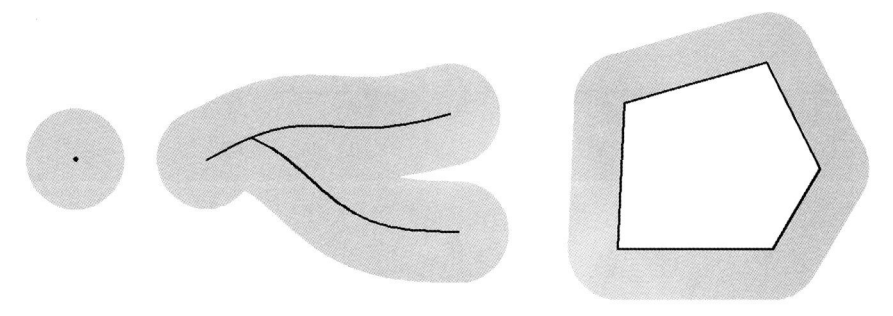

图 4.4　点、线和多边形的缓冲区

建立缓冲区是进行缓冲区分析的基础，缓冲区是以图形元素为基础，拓宽或紧缩一定宽度而形成区域。这个宽度通常是等距离的，但也可以是不等距离（变距离）的缓冲区。

对于简单情形，缓冲区是一个简单多边形，但当计算形状比较复杂的对象或多个对象集合的缓冲区时，就复杂得多。为使缓冲区算法适应更为普遍的情况，就不得不处理边线自相交的情况。当轴线的弯曲空间不容许缓冲区的边线无重叠地通过时，就会产生若干个自相交多边形（图4.5）。

图 4.5　边界相交的缓冲区

从缓冲区分析的角度看，建立缓冲区不是最终目的，单纯的建立缓冲区一般没有实际意义，只有将建立的缓冲区同 GIS 中其他分析功能结合起来，才能实现缓冲区分析功能。

缓冲区建立之后，便可以对缓冲区内空间信息形态、特性、分布作进一步分析。缓冲区分析常涉及叠置分析，如聚落考古研究中将河流缓冲区与聚落分布图进行叠置，研究聚落分布与河流缓冲区的关系（图4.6）。

缓冲区分析必须具备主体对象、邻近对象和对象的作用条件三个要素。主体对象主要指点、线、面对象，如上例中河流是主体对象。邻近对象是指受主

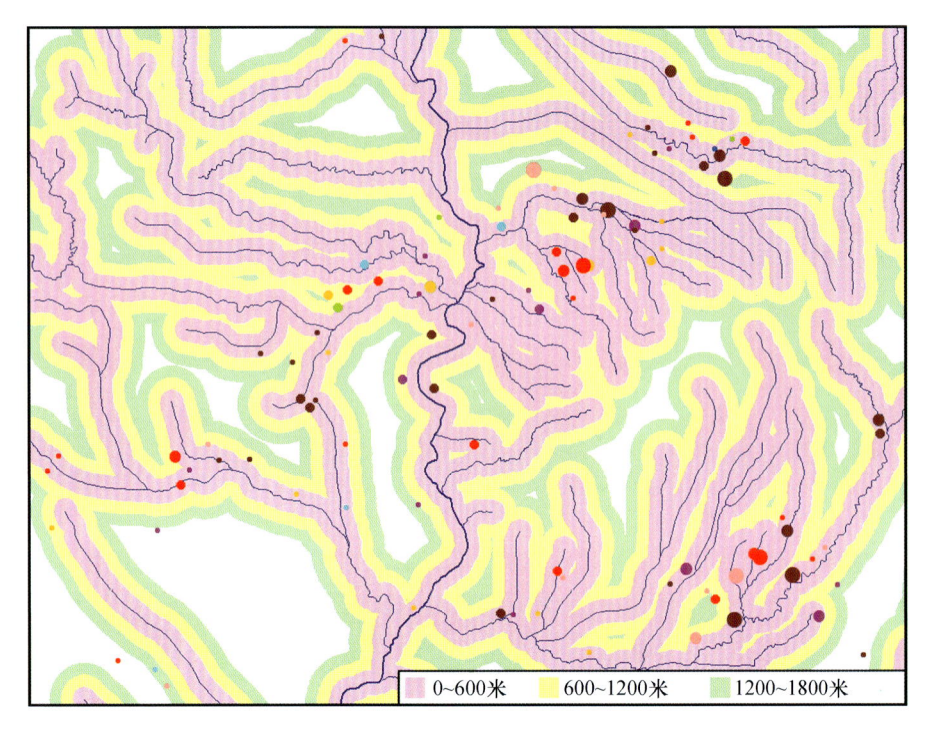

图 4.6　河流缓冲区与聚落分布图

体对象影响的客体，如上例子中聚落分布是受主体对象影响的客体。对象的作用条件是根据主体对象对邻近对象作用的不同，随距离变化而产生的典型模型，聚落分布于距离河流 600 米以内的区域，超过这一区域的聚落极其稀少。

　　基于栅格数据结构也可以作缓冲区分析，通常称为推移或扩散（Spread）。推移或扩散实际上是模拟主体对邻近对象的作用过程，物体在主体的作用下在一阻力表面移动，离主体越远作用力越弱。

4.5.2　泰森多边形分析

　　泰森多边形（Thiessen Polygen）分析是由荷兰气象学家 A. H. Thiessen 提出的一种空间分析方法，最初用于从离散分布气象站的降雨量数据中计算平均降雨量。

　　泰森多边形是由一批具有一定分布的离散样本点数据生成，该多边形的边界确定了受离散样本点影响最明显的最小区域，该区域的属性可用此样本点数据属性表示。

泰森多边形可作为空间区域的一种分割方法而使用。在泰森多边形内的任意点到本多边形中心点距离，小于该点到任何其他多边形中心点距离。因此它也可以看作空间区域数据的一种插值方法，即对空间一个未知点的值可以用离它最近的已知点的值来表示。传统的泰森多边形结构是首先生成Delaunay三角网，这种三角网的特点是任何一个三角形外接圆内不能包含任何其他离散数据点（图4.7的实线）。然后在Delaunay三角网中每个三角形两个顶点连线的中点作垂线，相互邻近的垂线相交形成多边形区域，或者说三角形各边的垂直平分线相交生成多边形（图4.7中的虚线）。

多个互不重叠的离散数据点生成的泰森多边形具有如下特性：

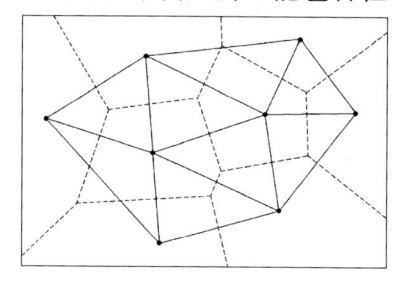

图4.7 泰森多边形的结构

（1）每个泰森多边形内只包含一个离散数据点；

（2）泰森多边形内的任意点同该多边形包含的离散数据点间距离小于它同任何其他离散数据点间的距离；

（3）泰森多边形的任意一个顶点必有3条边同它连接，这些边是相邻3个泰森多边形的两两拼接的公共边；

（4）泰森多边形的任意一个顶点周围有3个离散数据点，将其连成三角形后，该三角形的外接圆圆心即为该顶点。

泰森多边形可根据样本点的位置分布，自动生成以样本点为中心的等值区，使样本点属性数据扩展为区域的面状属性数据，这在地学领域中有重要的实用价值。实际工作中，很多地学特性因受条件限制，不可能直接获得面域数据，而常采用具有代表性的样本点数据来估算。但选择离散数据点应使离散数据点有相当的数量，同时保证所选的离散数据点具有典型性和代表性。

泰森多边形分析的应用范围很广，一些考古界学者通过泰森多边形来研究古代聚落形态特征，探究聚落分布与环境资源的空间关系，认为在一个典型地域中，各聚落的活动范围主要集中在其泰森多边形内部。

4.6 空间网络分析

空间网络分析是对地理网络进行地理分析和模型化。由于网络分析以线状模式为基础，通常用矢量数据结构来实现空间网络分析。

这里所说的网络，不是指计算机网络，而是由一组线状要素相互联结形成的网状结构。从数学的角度看，网络分析的理论基础是图论。GIS将图论中的网络概念引入到地理空间中，来表达和描述基于网络的地理目标，从而形成了地理网络的概念。从数据结构的角度，网络分析的基础是非线性图数据结构。

网络分析的实质是通过研究网络的状态，模拟和分析资源在网络上的流动和分配，以实现网络上资源的优化问题。在解决城市交通规划、城市管线设计、医疗机构设施的布点、救援行动路线的选择等方面，有着广泛的应用实例。考古研究中也有学者通过网络分析，研究聚落周围人类获取资源以及资源沿水系等网络流动的情况。

地理网络中很多地理目标还具有层次复合的意义，通常用线状目标及其附属的点状目标表示一系列线状设施和点状设施。其中，线状特征是构成地理网络的基础。但进行地理网络分析时，必须考虑整体网络的功能和关系。

空间网络分析包含的内容很丰富，其应用领域正在日益拓宽。主要包括路径分析、定位与配置分析、连通分析和流分析。

4.6.1 路径分析

路径分析（Path Analysis）在空间网络分析中占有十分重要的位置，网络分析的典型应用是求最短路径问题。最短路径分析是根据网络的拓扑性质，在网络图中求结点之间有无路径；求从一个结点出发到其他各结点之间的最短路径，或求每对结点之间的最短路径。实际使用中最短路径分析不一定是距离，也可以定义为两点间所用时间、所付运费、物流量等。

最佳路径实质上是求加权后的最短路径。例如，在交通运输中两个地点之间的最短路径，不一定是最佳路径，因为道路可能有上坡、下坡、路面质量、道路拥挤度等因素。为此，可对两点之间赋予权重，以表示两点之间的有效距离。

4.6.2 定位与配置分析

定位与配置分析（Location-Allocation Analysis）是通过对需求源和供应点

的分析，实现网络设施的最优布局，并对一个或多个中心点资源在网络上的最优分配问题进行模拟。

定位问题是指已知需求源的分布，确定在何处设置供应点最好。配置问题是确定需求源分别由哪些供应点提供，即已设定供应点，求需求配置点。定位与配置是指同时解决需求分配点和供应点两个问题。

定位与配置问题涉及因素多，如问题的空间类型、规划的时间范围、公共设施的服务方式、需求点的分配类型等。定位与配置问题必须建立一系列边界条件，并要确定多个目标函数。边界条件指规划的条件，用来作为问题解决的约束条件，如要求所有需求点都有相应的供应点。目标函数给出最大值或最小值，以获得一个明确的分析结果。

考古研究中，空间配置将聚落与地域进行关联，使 GIS 支持的地域特性和人类行为关系的研究成为可能。

4.6.3 连通分析

寻求从一个结点出发，可到达的全部结点或网线，其中最少费用的连通问题是连通分析中的特定问题。

4.6.4 流分析

用来寻求资源从一个地点出发，运到另一个地点的最优化方案，优化标准包括时间最少、费用最低、路程最短、资源流量最大等。

4.7 空间密度分析

空间密度分析是根据要素的数据集计算整个区域的数据聚集状况，从而产生一个连续的密度表面。密度分析主要是基于点要素进行的，以每个待计算的格网点为中心，进行圆形区域搜寻，计算每个格网点的密度值。

密度分析本质上是一个通过离散采样点进行表面内插的过程，根据内插原理的不同，分为核函数密度分析（Kernal）和简单密度分析（Simple）两种情况，具体操作中一般会有两种选项可供选择。

核函数密度分析中，落入搜索区内的点具有不同的权重，靠近格网搜寻区域中心的点会被赋予较大的权重，随着其与格网中心距离的增加，权重降低。权重数值一般存放于属性表的一个字段中。这种计算结果分布较平滑。

简单密度分析中，落在搜索区内的点具有相同的权重，需要先对其进行求和，再除以搜索区域的大小，从而得到每个点的密度值。

考古研究中有学者对聚落的分布进行空间密度分析，研究聚落分布的密度与环境特征的关系。由于不同聚落的面积往往悬殊很大，所以根据聚落的数目进行简单密度分析显得不是很合理，应该考虑聚落面积差异等情况，并由此设置权重大小。另外，考古发现的典型器物、特殊材料等的空间密度分析可能具有一定的意义。

4.8　空间统计分析

空间数据之间存在着许多相关性和内在联系，为了找出空间数据之间的主要特征和关系，需要对空间数据进行分类和评价，即进行空间统计分析。通常用户可以根据不同的使用目的，选择 GIS 中存储的数据，运用适当的统计方法，获得所需信息。空间统计分析在考古学研究中也有广泛的应用，人骨测量数据、陶器与金属器物的成分等数据都可进行统计分析，为体质人类学研究、陶器与金属器物产地研究、器物流通线路研究等提供了强有力的支持。

4.8.1　主成分分析

主成分分析是一种将原来多个指标化为少数几个相互独立的综合指标的一种统计方法。在地理问题中，经常要研究多个并相互关联的自然和社会要素，由于变量个数太多，并且彼此之间存在着一定的相关性，因而使得所观测到的数据在一定程度上反映的信息有所重叠。而且当变量较多时，在高维空间中研究样本的分布规律比较复杂，势必增加分析问题的复杂性。人们自然希望用较少的综合变量来代替原来较多的变量，当然，这较少的几个变量要尽可能多地反映原来变量的信息，并且彼此之间互不相关。主成分分析主要用于简化数据结构，寻找综合因子，运用综合因子进行样本排序及分类等。

4.8.2 层次分析

层次分析是把相互关联的要素按隶属关系划分为若干层次,由专家们将各层次各要素的相对重要性数量化,并用数学方法为分析、决策、预报或控制提供定量的依据。因子权重的确定是建立评价模型的重要步骤,权重正确与否极大地影响评价模型的正确性,而通常的因子权重确定具有较多的主观判断。层次分析法是利用数学方法,综合众人的意见,科学地确定各影响因子权重的简单而有效的数学手段。

4.8.3 聚类分析

聚类分析通过直接比较各事物之间的性质,将性质相近的归为一类,将性质差别较大的归入不同的类别。聚类分析事先并不知道研究对象应分为几类,更不知道观测到的个体的具体分类情况,目的是通过观测数据所进行的分析处理,选定一种度量个体接近程度的统计量、确定分类数目、建立一种分类方法,并按接近程度对观测对象给出合理的分类。

4.8.4 判别分析

判别分析是判断样品所属类型的一种统计方法。与聚类分析不同的是,判别分析已经有了一个明确的分类标准。判别分析的特点是事先已有"类"的划分,对给定的一个新样本,判断它来自哪一"类"。在进行判别分类时,由于假设的前提、判别的依据及处理的手法不同,可得出不同的判别方法。如距离判别、Beyes 判别、Fisher 判别、逐步判别和序贯判别等。

4.9 空间变换

地理信息系统通常是按有一定意义的图层和相应的属性建立空间数据库的。为了满足特定空间分析的需要,需对原始图层及其属性进行一系列的逻辑或代数运算,以产生新的具有特殊意义的地理图层及其属性,这个过程称为空间变换。空间变换可以基于单个图层进行,也可以针对多个图层。本节的空间变换将仅限于对单个图层的操作或计算,基于多图层的操作,则属于空间叠置分析的内容。

矢量结构中包含了大量的拓扑信息，数据组织复杂，使得空间变换十分繁琐。栅格结构简单规则，空间变换比较容易。另外基于矢量结构的空间变换，对于单个图层意义不大，生成新图层时往往需要多个图层的信息，在多图层叠加分析中意义很大。

基于栅格结构的空间变换可分为单点变换、邻域变换和区域变换三种方式。

单点变换只考虑单个点的属性值进行运算，假定独立单元的变换不依赖于其邻点上属性的影响，也不受区域内一般特征的影响。单点变换最常见的函数有加、减、乘、除等代数运算，与、并、非、异、或等逻辑运算，大于、小于等比较运算，以及指数函数、对数函数、三角函数等。其得到的新图层可与原图层属性意义完全不同。

邻域变换是指在计算新图层图元值时，不仅考虑原始图层上相应图元本身的值，而且还要考虑与该图元有邻域关联的其他图元值的影响。这种关联可以是直接的几何关联，也可能是间接的几何关联。常见的函数有平滑、离散点搜索，连续表面描述（坡度、坡向、可视域分析），点在多边形中的判断等。

区域变换是指在计算新图层属性值时，要考虑整个区域的属性值，即通过一个函数对某一区域内的所有值进行综合，然后计算新属性值。常见的函数有求区域平均值、众数、极值，有求和、归组、整体插值等方法。

4.10 再 分 类

地理信息系统中存储的很多数据都具有原始数据的性质，可以根据不同的需要对数据进行再分类和提取，找出有用的隐藏信息。由于这种分类是对原始数据进行的再次分类组织，因此称为再分类（Reclassification）。

地理信息系统能够对空间信息进行处理，同时也具有处理非空间属性的功能。使用主成分分析、层次分析、聚类分析、判别分析等经典的数理统计方法，可以根据考古研究中遗址的年代、文化内涵、使用情况等非空间属性，进行再分类，得到新的分类结果数据。这种分类属于普通的分类，没有改变地物已有的属性值，而只是根据地物的属性，将它们划分到相应的类别中。

点、线状地物的再分类，对于矢量数据结构可以通过简单的修改属性表中的数值来实现，对于栅格数据结构也可以通过修改属性值来获得新的点、线地物。面状地物的再分类，对于栅格数据结构则和点、线分类一样，简单地改变属性数值并改变图例表现这一变化。对于矢量数据结构的面状地物再分类，则需要同时改变实体的几何形状和属性。首要的任务是去掉将要合并的多边形之间的分界线（Line Dissolve），再把这两个多边形的属性值变为同一属性（图4.8）。

图4.8 多边形的合并

对面状地物再分类得到的新图层的类别比原图层少，是最常用和最简单的再分类。如果想把面状地物进一步分解成不同类别的地物，可使用另一个图层，通过多边形叠加方法来实现。这种再分类方法，只是根据面状地物本身的属性，通过重新改变属性值而实现分类的目的，当然也可以结合邻域范围的属性值进行再分类。如坡度计算、缓冲区计算。再分类还可以综合多个图层的属性信息。

第五章 DEM 与地形分析

5.1 数字高程模型

数字地面模型（DTM，Digital Terrain Model）是美国 MIT 摄影测量实验室主任米勒（C. L. Miler）首先提出，用于各种线路选线（铁路、公路、输电线）的设计和各种工程的面积、体积、坡度计算，以及任意两点间的通视判断及任意断面图绘制。DTM 可以用于提取各种地形参数，如坡度、坡向、粗糙度等，并进行可视性、流域结构等分析，在很多领域都有广泛的应用。在测绘中 DTM 可用于生成等高线图、坡度坡向图、立体透视图，制作正射影像图以及地图的修测，是地理信息系统的基础数据。

5.1.1 DTM 和 DEM

数字地面模型是地形表面形态属性信息的数字表达，是带有空间位置特征和地形属性特征的数字描述。数字地面模型中地形属性为高程时称为数字高程模型（Digital Elevation Model，DEM）。DEM 通常用规则格网单元构成的高程矩阵来表示，广义的 DEM 还包括等高线、三角网等所有表达地面高程的数字表示。在地理信息系统中，DEM 是建立 DTM 的基础数据，其他的地形要素可由 DEM 直接或间接导出，称为"派生数据"，如坡度、坡向等。

5.1.2 DEM 的表示法

一个地区的地表高程变化可以采用多种方法表达，用数学定义的表面或点、线、影像都可用来表示 DEM。

5.1.2.1 数学方法

用数学方法来表达，可以采用整体拟合方法，即根据区域内所有高程点数据，用复杂的数学函数拟合统一的地面高程曲面。也可用局部拟合方法，将地表复杂表面分成正方形规则区域或面积大致相等的不规则区域进行分块搜索，根据有限个点进行拟合形成高程曲面。

5.1.2.2 图形方法

图形方法主要有线模式和点模式两种。很多时候是同时使用线模式和点模式来表示地形起伏情况。

等高线是表示地形最常见的形式。其他的地形特征线也是表达地面高程的重要信息源，如山脊线、山谷线、海岸线及坡度变换线等。

用离散采样数据点建立 DEM 是生成 DEM 常用的方法之一，可以通过 GPS、电子全站仪测量等方法获取数据点的三维坐标数值。数据采样可以根据地形情况，按规则格网采样，或不规则格网采样。也可以有选择性地采样，采集山脊线、山谷线及坡度变换线上的特征点。

在地理信息系统中，规则格网模型、等高线模型和不规则三角网模型是 DEM 最主要的三种表示模型。

5.1.3 DEM 的主要表示模型

5.1.3.1 规则格网模型

规则格网（Grid）模型用规则的采样点数据组成，或把不规则采样点数据内插成规则点数据，而后，以矩阵形式来表示地面形状。在规则格网模型中，将空间区域分成规则的等距离单元，每个单元对应一个数值。在数学上，将这些数据表示为一个矩阵，矩阵中每个元素的值为该采样点的高程值。在计算机中这些数据表示为一个二维数组，每个数组元素对应一个高程值（图 5.1）。

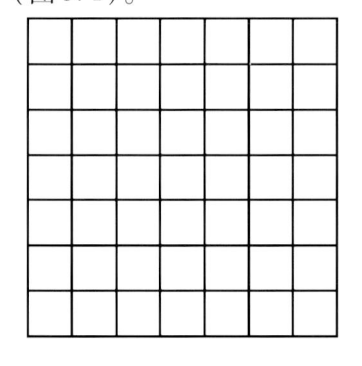

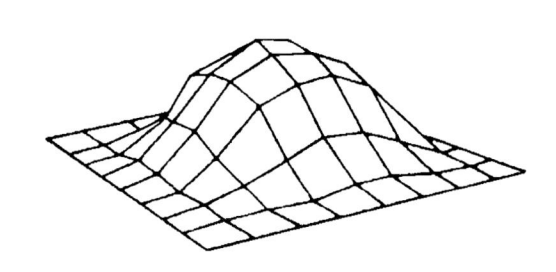

图 5.1 规则格网模型

对于每个格网的数值有两种不同的解释。第一种是格网栅格观点，认为该格网单元的数值是其中所有点的高程值，即格网单元对应的地面面积内高程是均一的高度，这种数字高程模型是一个不连续的函数。第二种是点栅格观点，认为该格网单元的数值是格网中心点的高程或该格网单元的平均高程值，这样就需要用一种插值方法来计算每个点的高程。计算任何不是格网中心的数据点的高程值，使用周围4个中心点的高程值，采用距离加权平均方法进行计算，当然也可使用其他方法。

规则格网的高程矩阵，可以很容易地用计算机进行处理，特别是栅格数据结构的地理信息系统。它还可以很容易地计算等高线、坡度坡向、山坡阴影和自动提取流域地形，使得它成为DEM最广泛使用的格式，目前许多国家提供的DEM数据都是以规则格网的数据矩阵形式提供的。格网DEM的缺点是不能准确表示地形的结构和细部，为此，有时需要采用附加地形特征数据，如地形特征点、山脊线、谷底线、断裂线，以描述地形结构。

5.1.3.2　规则格网模型的优缺点

规则格网数据模型具有数据结构简单，算法实现容易，便于空间操作和存储等优点，尤其适合在栅格数据结构GIS系统中。而且容易计算等高线、坡度、坡向，自动提取流域地形。

规则格网数据模型的缺点在于数据量大，通常采用压缩存储。面对不规则的地面特性，采用规则的数据表示，两者之间本身就不协调，所以规则格网不利于表示复杂地形。在地形平坦的地方，存在大量的数据冗余。

5.1.3.3　不规则三角网（TIN）模型

不规则三角网（Triangulated Irregular Network，TIN）是另外一种表示数字高程模型的方法，它既减少规则格网方法带来的数据冗余，同时在计算（如坡度）效率方面又优于纯粹基于等高线的方法。

TIN模型根据区域内有限个点集将区域划分为相连的三角面网络，区域中任意点落在三角面的顶点、边上或三角形内。如果点不在顶点上，该点的高程值通常通过线性插值的方法得到（在边上用边的两个顶点的高程，在三角形内则用三个顶点的高程）（图5.2）。

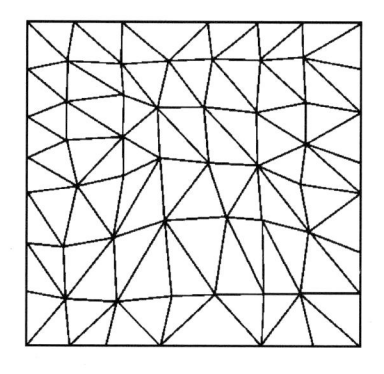

图 5.2　不规则三角网模型

TIN 的数据存储方式比格网 DEM 复杂,它不仅要存储每个点的高程,还要存储其平面坐标、节点连接的拓扑关系,三角形及邻接三角形等关系。TIN 模型在概念上类似于多边形网络的矢量拓扑结构。

不规则三角网模型由连续的三角面组成,三角面的形状和大小取决于不规则分布的测点或节点的位置和密度。不规则三角网与高程矩阵方法不同之处是随地形起伏变化的复杂性而改变采样点的密度和决定采样点的位置,因而它能够避免地形平坦时的数据冗余,又能按地形特征点如山脊、山谷线、地形变化线等表示数字高程特征。

5.1.3.4　不规则三角网模型的优缺点

不规则三角网模型克服了栅格数据中的数据冗余问题,表示地面形态效率高,数据精度高。它能较好地表示地性线,充分表示复杂的地形特征,适应起伏不同的地形。但是,不规则三角网模型算法实现复杂,由于形成三角网方法不同有不同算法,对特殊的地性线要调整。

通常大比例尺数字高程模型采用能表示地性线的不规则三角网,以便较精确地显示小区域地形特性;小比例尺数字高程模型通常可采用规则格网模型,以显示大区域宏观地形特性。

5.1.3.5　等高线模型

等高线以符号化模型来表示空间立体的形态,即用高程相等的相邻地面点连结成封闭曲线来表示连续递变的面状地形分布特征。等高线模型表示高程,高程值的集合是已知的,每一条等高线对应一个已知的高程值,这样一系列等高线集合和它们的高程值一起就构成了一种地面高程模型(图 5.3)。

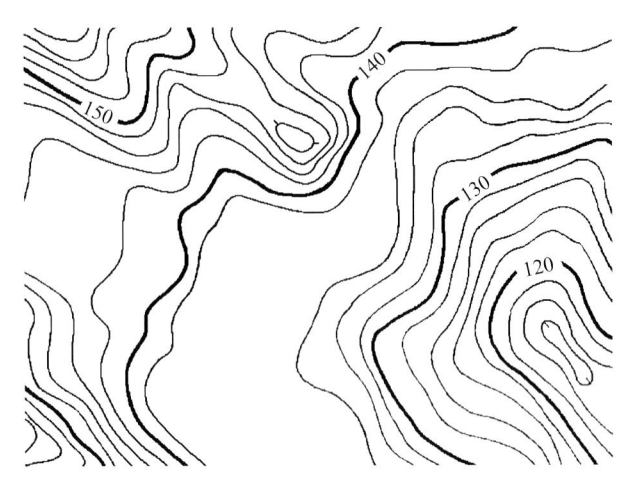

图 5.3　等高线模型

等高线通常被存成一个有序的坐标点对序列，可以认为是一条带有高程值属性的简单多边形或多边形弧段。由于等高线模型只表达了区域的部分高程值，往往需要一种插值方法来计算落在等高线外的其他点的高程，又因为这些点是落在两条等高线包围的区域内，所以，通常只使用外包的两条等高线的高程进行插值。

5.1.4　DEM 模型之间的相互转换

在实际应用中，经常需要将不同的 DEM 模型相互转换。大部分 DEM 数据都是规则格网 DEM，但由于规则格网 DEM 的数据量大而不便存储，而且很多分析计算需要使用 TIN 模型的 DEM。如进行通视分析，需要将规则格网 DEM 转成 TIN 模型的 DEM。反之，如果已有 TIN 模型的 DEM 数据，为满足水文分析等的需要，也需要转成规则格网的 DEM。现在常用的 GIS 软件基本上都具有实现这些转换的功能。

5.1.4.1　不规则点集生成 TIN

对于不规则分布的高程点，可以形式化地描述为平面的一个无序的点集，点集中每个点对应于它的高程值。由点集生成 TIN 的关键是 Delaunay 三角网的产生算法，Delaunay 三角网的特点是任何一个三角形外接圆的内部没有任何其他离散数据点，这样的三角网是惟一的，三角网的外边界构成了点集的凸多边形"外壳"（图 5.4）。

5.1.4.2 格网 DEM 转成 TIN

格网 DEM 转成 TIN 可以看作是一种规则分布的采样点生成 TIN 的特例，其目的是尽量减少 TIN 的顶点数目，同时尽可能多地保留地形信息，如山峰、山脊、谷底和坡度突变处。规则格网 DEM 可以简单地生成一个精细的规则三角网。

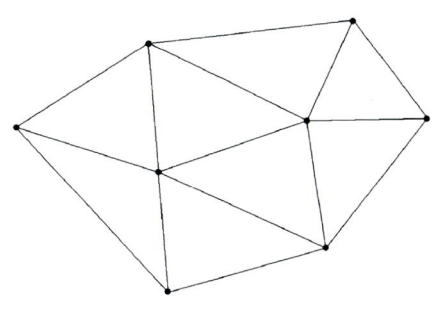

图 5.4　Delaunay 三角网

5.1.4.3 等高线转成 TIN

数字化的等高线不适合于计算坡度或制作地貌渲染图等地形分析，因此，经常需要把数字化等高线转成 TIN。

现有地形图大多数都绘有等高线，纸质等高线地形图扫描后再进行数字化，可获取 TIN 数据。每条等高线都是由很多高程点组成的，相邻等高线上的高程点可以组成 Delaunay 三角网，并由此生成 TIN。但是在狭长的台形或沟槽区域内，相邻两根等高线的高程相等，生成的 TIN 就会出现"阶梯"地形，不能准确地反映地面起伏状态（图 5.5a）。

为了解决这类问题，可以考虑在狭长的区域增加一些辅助等高线，或者增加标识山峰、山脊、谷底和坡度突变的高程数据点，然后同时根据等高线和高程点来生成 TIN，以便能够准确地反映地面起伏状况（图 5.5b）。

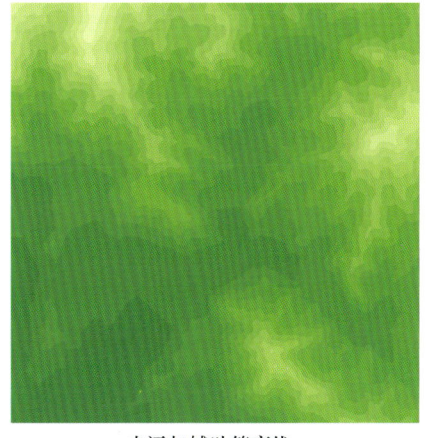

a. 未添加辅助等高线　　　　　　　　b. 添加辅助等高线后

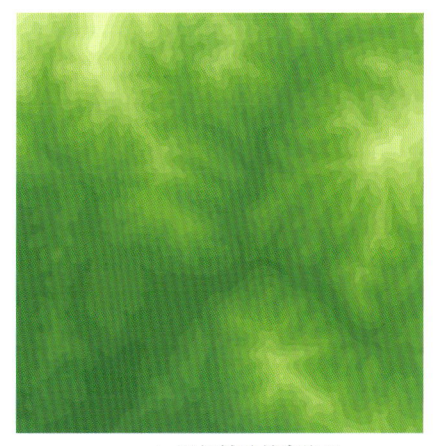

图 5.5　添加辅助等高线前、后生成的三角网模型

5.1.4.4 TIN 提取等高线

根据线性内插方法，可以在生成 TIN 的三角网中内插出等高线通过的点位，使用平滑曲线将高程相等的相邻点连接后则生成等高线。这种方法也可以在计算机中将电子全站仪测量的离散高程数据点生成等高线。

基于 TIN 绘制等高线可以直接利用原始测量数据，避免规则格网 DEM 内插的精度损失，因而提高等高线的精度，还能够生成高程注记点附近较短的封闭等高线，这样生成的等高线分布在任意采样区域内而并不要求采样区域有规则四边形边界。

5.1.4.5 TIN 转成格网 DEM

TIN 转成格网 DEM 可以看作普通的不规则点生成格网 DEM 的过程。方法是按要求的分辨率大小和方向生成规则格网，对每一个格网搜索最近的 TIN 数据点，一般按线性插值函数计算格网点高程，即三角形三点确定的斜平面作为地表面。生成过程中需要输入分辨率数值。

5.2 DEM 数据源的获取

DEM 是 GIS 中地形分析的重要依据，正确地获取研究区域的 DEM 数据非常关键，它直接影响到 DEM 的精度，更直接影响研究项目费用开支和进展情况。获取 DEM 数据的方法很多，需要根据现有条件和专业要求，选择合理的方法和技术。

5.2.1 地表数据源的种类

5.2.1.1 影像数据源

随着数字摄影测量技术的不断完善和普及，航空与航天遥感影像数据成为获取大范围地表数据的主要来源。航空摄影测量一直是地形图测绘和更新的重要手段，航空摄影测量提供的影像为建立 DEM 模型提供了高精度、大范围、易更新的现势性数据。现在航天遥感影像的分辨率不断提高，可以用来获取大范围、高精度的 DEM 数据。

数字摄影测量软件中包含的近景摄影测量模块，可以通过普通数字相机拍摄局部范围的立体像对来测绘地形数据，能够快速获取考古发掘区一类的小型区域 DEM 数据。

5.2.1.2 地形图数据源

地形图通过高程点和等高线等反映地表的起伏状态，地形图经过扫描数字化之后就能够根据高程点和等高线数据生成 DEM。地形图的缺点是现势性较差，现有的地形图往往成图于十年之前，甚至更为久远，所以在很多工作中的应用都受到限制。但是对考古工作而言早期地形图更能接近古代的地貌环境，完全能够满足考古研究的需要。

5.2.1.3 地面实测数据

小范围内通过实地测绘，可获取地面点的高程数据。现在通常用差分 GPS、电子全站仪等测量技术，都能够获取高精度的地面点三维坐标数据，经处理后可以建立 DEM 模型。实地测量数据精度高，但获取数据的工作量大、效率低、费用高、周期长。考古发掘区内一般面积较小，可以通过实地测量的方法获取地形数据，生成局部地区的 DEM。

5.2.2 DEM 数据源的采集

目前采集 DEM 数据最有效的方法是数字摄影测量和地形图的数字化。由于数字摄影测量采集空间数据具有效率高、精度高、劳动强度低等优点，一直是采集 DEM 数据的最主要方法。地形图数字化中的自动扫描数字化技术已成为地形图数字化的主流。

地形测绘时高程点的选择要根据建立 DEM 模型的精度要求，确立合理的分布密度。地形单一的区域可均匀分布高程点，密度不必过大；但对大片平坦地区应保证最低的高程点密度，不应出现大的空白区域。在地形有变化的区域应该增加高程点，能够准确地反映山谷线、山脊线、谷缘线、崖线、山坡转折线等地性线变化特征。

DEM 数据往往需要进行一些格式转换、坐标转换等处理，使数据的格式符合 GIS 软件的要求，而且与研究区域内其他数据的坐标系相一致。

5.3　数字地形分析

数字地形分析可以分为两个部分，其一是通过数字地面模型计算出地面坡度、坡向和地表粗糙度等基本地形因子。其二是根据数字地面模型进行通视性分析、可视域分析、水文分析等分析计算。

5.3.1　地形曲面拟合

由于 DEM 数据属于地面离散高程点组成的数据集，高程点之外的区域没有高程数值，所以，DEM 最基础的应用是求 DEM 范围内任意点的高程，在此基础上进行地形属性分析。由于已知有限个格网点的高程，可以利用这些格网点高程拟合一个地形曲面，推求区域内任意点的高程。曲面拟合方法可以看作是一个已知规则格网点数据进行空间插值的特例，距离倒数加权平均方法、克里金插值方法、样条函数等插值方法均可选用。

5.3.2　生成立体透视图

根据数字高程模型绘制立体透视图是 DEM 的一个极其重要的应用。立体透视图能更好地反映地形的立体形态，非常直观。与采用等高线表示地形形态相比有独特的优点，更接近人们的直观视觉。特别是随着计算机图形处理工作的增强以及屏幕显示系统的发展，使立体图形的制作具有更大的灵活性，人们可以根据不同的需要，对于同一个地形形态作各种不同的立体显示。例如局部放大，改变高程值的放大倍率以夸大立体形态；改变视点的位置以便从不同的角度进行观察，还可以通过鼠标控制立体图形的视点与视角等各个参数值，从不同方位、不同距离显示形态各不相同的透视图。还能够设置飞行路线，实时地产生动画 DTM 透视图。

立体透视图在考古研究中同样具有重要意义，能够为研究者提供多角度的信息，产生很好的效果。图 5.6 为一尊佛像的立体透视图，研究中可以通过鼠标控制该图形的视

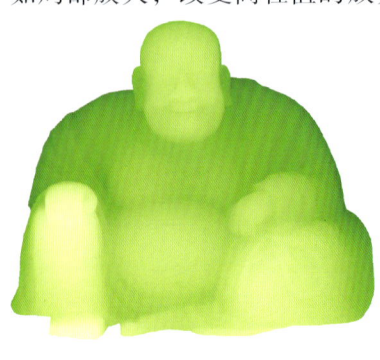

图 5.6　佛像的立体透视图

点与视角，以便从不同角度研究佛像的形态特征。古建筑、器物等的立体透视图在考古学研究和文物保护中也都具有很大的研究价值。

5.3.3 地面坡度计算

坡度和坡向是表示地面形态的两个重要因子，不管从物理意义上还是从地形分析的角度看，坡度和坡向都是不可分开的，没有坡度的地面也就没有坡向。在 GIS 软件中，地面坡度和坡向都可以由 TIN 或 Grid 直接生成。

坡度（Slope）是描述地形的重要参数，地面坡度是表示地表面斜坡的倾斜程度。由于空间曲面上不同位置的坡度是不同的，地面上给定点的坡度是曲面上该点的法线与垂直方向间的夹角（图 5.7）。坡度也可以定义为过地面点的切面与水平面的夹角。

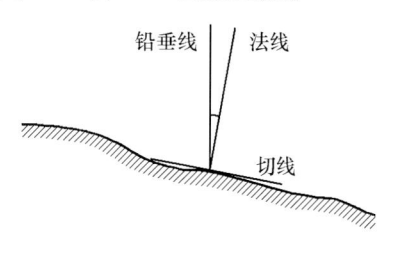

图 5.7 地面坡度示意图

由于点的坡度无实用价值，通常用平均坡度来描述地面的坡度。平均坡度可以取点位坡度的平均值；但更多的是用曲面拟合平面的倾斜度来表示曲面的斜度。

5.3.4 地面坡向计算

地面的坡向（Aspect）就是坡面的朝向，是坡面法线在水平面上的投影与正北方向的夹角。坡向粗略地可分为向南、向北、向东、向西 4 个方向。如将其细分，可分为向南、向北、向东、向西、向东南、向西南、向东北和向西北 8 个方向。在地学领域中，通常根据法线在水平面上的投影位置，将其分成阳坡、阴坡、半阳坡和半阴坡（图 5.8）。

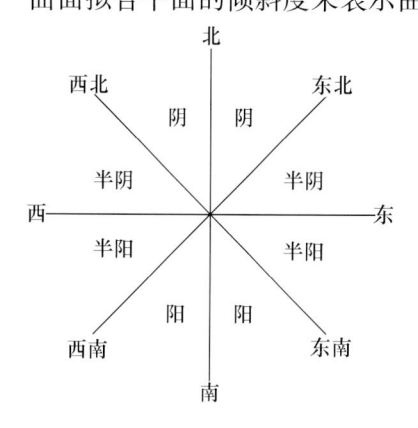

图 5.8 地面坡向分布图

5.3.5 可视性分析

可视性（Visibility）分析应该属于对地形最优化处理的范畴。可视性分析有两种情况，其一是通视性（Inter Visibility）分析，显示两点之间的通视情况，从而判断从一个观察点是否能够看到目标物（图5.9）。其二是可视域（Viewshed）分析，研究从一个或多个观察点可以观察的区域。

可视性分析对于人类行为的研究应该具有非常重要的意义，特别是在人类社会发展之初，出于对自然环境的无知和恐惧，古人在选择居住地、墓葬等位置时，往往会考虑可视性的问题。但是现有的考古材料尚不够完备，很多地域的可视性研究还不能很好地开展。

图5.9 可视性示意图
（灰色区域为不可视）

建立可视域之前需要确定视点的位置和高度等参数，同时设定新图层的栅格大小，然后由点图层与TIN或Grid一起生成可视域图层。生成的可视域中可视范围可设置为无色调显示，不可视范围以一种浅色调显示。当底图为遥感影像时，再叠置不同时期的聚落要素，这样就可以较好地展示重要聚落与中小型聚落或其他环境要素之间的可视特征。

5.4 水 文 分 析

水文分析是研究地表水流等情况。GIS软件可以根据地形数据模拟生成局部区域中水流的方向，计算出最小沟谷的集水区域。水文分析对考古学研究应该具有非常重要的意义，由流域产生的地形特征对古代聚落分布、人类生产活动等都具有最直接的影响。

水文分析是对格网DEM进行分析，如果只有TIN数据，首先需要将TIN转换成Grid。格网DEM数据是一些离散的高程点数据，每个数据本身不能反映实际地表的水文特征。为了从格网DEM数据中得到流域地貌形态结构，需要生成一个清晰的流域地貌结构模型。

5.4.1 生成流向图

水文分析中首先需要定义格网点之间的水流方向，对于每一个格网而言，水流方向是指水流离开此格网时的指向。在ArcGIS 9.x等软件中，中心格网的水流方向通过其周围8个方向的编码来确定（图5.10）。方向值以2的倍数指定是因为存在格网水流方向不能确定的情况，此时需要将数个方向值相加，以便在后续处理中根据相加结果确定中心格网的水流方向。

水流方向分析中还有几种例外情况需要作特殊处理：
（1）如果一个格网点的最大坡向格网点与之具有相同的高程值，且之前没有其他格网点流向这个相邻格网，则强制流向它。如果还有另外的格网点流向这个相邻格网，则当前格网点为凹点。

（2）当两个或多个相邻格网点的最大坡向相等时，先比较各自相邻格网点坡向，如果仍没解决，继续比较相对格网点的坡向，决定赋一个流向。

（3）对于具有相同高程值的区域则扩大搜索窗口半径，用 7×7 窗口，如果需要还可以使用更大窗口。

32	64	128
16		1
8	4	2

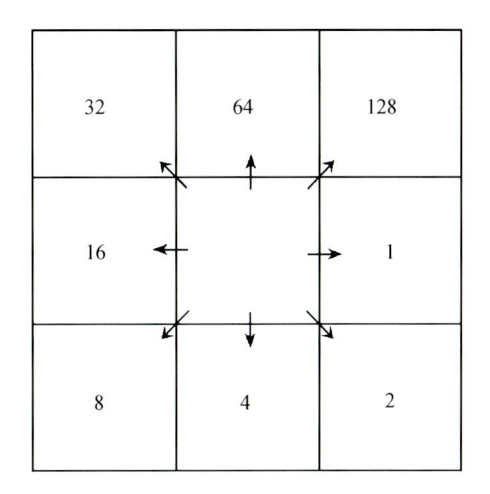

图 5.10　水流方向编码

（4）在 DEM 数据的外围加一圈高程值为 0 的格网点，强制其最大坡向流向研究区之外。这一点在有的软件中作为选项出现。

当所有的格网点处理完毕后，生成一个编码为 1，2，4，8，16，32，64，128 的流向图，再通过不同的颜色表示水流的方向（图 5.11）。当然有的 GIS 软件使用其他方式对水流方向进行编码。

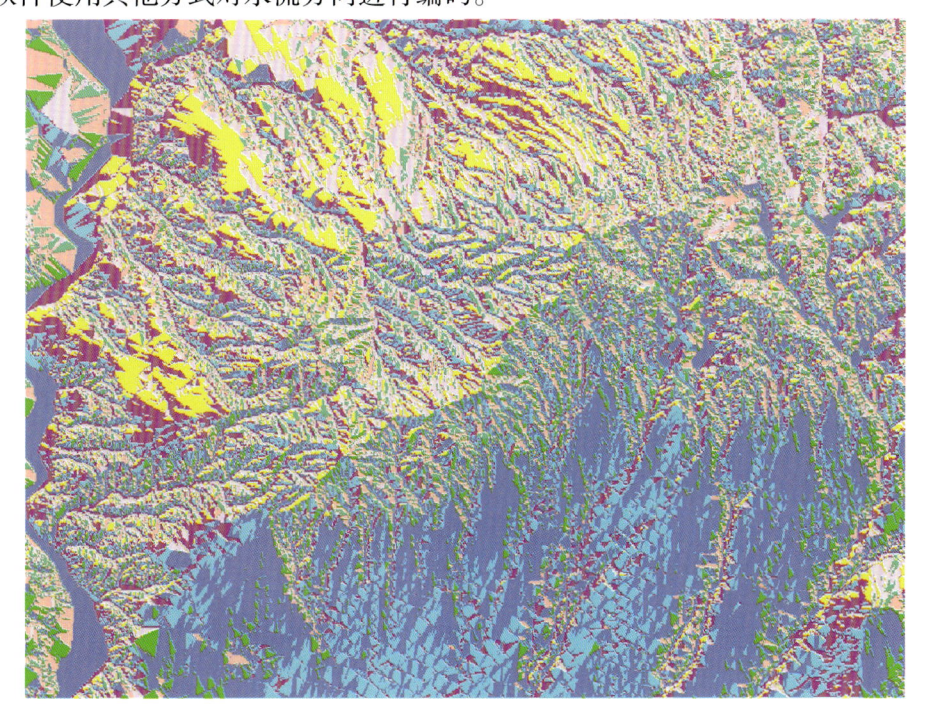

图 5.11　水流方向图

5.4.2 填充洼地

DEM 是比较光滑的地形表面模型，但是由于存在 DEM 误差和洼地地形，使得 DEM 表面存在一些凹陷的区域，其水流方向不会指向流域出口，而是终止于凹陷点，导致计算水流方向时一些区域会产生不合理甚至错误的结果。所以在进行水流方向计算之前，首先应该对 DEM 数据进行洼地填充，得到无洼地的 DEM 数据。

洼地填充的基本过程是先根据水流方向数据计算出 DEM 数据中的洼地区域，再计算洼地深度，然后依据这些洼地的深度设定填充阈值，完成洼地填充。ARCGIS 9.x 软件中洼地填充时，填充阈值为可选项，不必填写任何数值也能够直接根据 DEM 数据进行洼地填充。最后根据无洼地 DEM 重新生成新流向图，进行后续的计算。

5.4.3 计算汇流累积量

汇流累积量数值矩阵表示研究区域中每个点的流水累积量，可以根据水流方向数据进行计算。计算汇流累积量时，首先假设规则格网的 DEM 每点处有一个单位的水量，按照自然水流从高处流往低处的自然规律，根据区域地形的无洼地水流方向数据计算每点处所流过的水量数值，于是得到该区域的汇流累积量。

计算汇流累积量时，还可以根据区域内降水、土壤、植被等影响径流分布不平衡的因素建立一个权重矩阵，以便更精确地模拟该区域的地表特征。如果没有权重矩阵数据，一般系统默认为 1。

根据汇流累积量还能够计算出水流长度，即地面上每一点沿水流方向到达其流向起点（或终点）间的最大地面距离在水平面上的投影长度。水流长度直接影响地面径流的速度，进而影响地面土壤的侵蚀力。水流长度的计算方式有顺流计算和溯流计算两种，顺流计算是计算地面上每一点沿水流方向到该点所在流域出水口的水平投影距离，溯流计算是计算地面上每一点逆水流方向到其流向起点的水平投影距离。

5.4.4 提取河网

汇流累积量图形已经基本上显示出河网的分布情况，由此根据地表径流漫流模型，当某一栅格的汇流量达到一定数值时，就会产生地表水流，所有汇流量大于临界值的栅格就是潜在的水流路径，由水流路径构成的网络就是河网。

河网生成过程中汇流累积量阈值的设置非常重要，不同级别的沟谷对应不同的阈值，不同区域中相同级别的沟谷对应的阈值也不相同。在设定阈值时，应该通过不断改变数值大小和利用现有相关资料辅助检验的方法来确定阈值。再通过栅格计算的方法，得到栅格河网图形。最后将栅格河网矢量化，生成矢量数据河网图（图5.12）。

图5.12　矢量河网图

5.4.5　流域分割

流域（Watershed）又称集水区域，是指流经其中的水流或其他物质从一个公共的出水口排出而形成的一个集中的排水区域，可以显示出每个流域汇水区域的大小。出水口（或点）即流域内水流的出口，是整个流域的最低处。集水区域间的分界线就是分水岭，分水岭包围的区域称为一条河流或水系的流域。

计算集水区域之前需要统计河网中结点之间的连接信息，得到每个河网弧段的起始点和终止点，然后便可以生成流域盆地和集水区域。

流域盆地是由分水岭分割而成的汇水区域，可利用水流方向确定出所有相互连接并处于同一流域盆地的栅格区域。首先，确定窗口边缘出水口的位置，所有流域盆地的出水口均处于分析窗口的边缘。其次，找出所有流入出水口上游栅格的位置，即可生成流域盆地集水区。

确定出水点之后，结合水流方向，分析搜索出该出水点上游所有流过该出水口的栅格，一直搜索到流域的边界，即分水岭的位置，便可以生成集水区域（图5.13）。

（蓝色线条为河网，黑色线条为小型流域,红色线条为较大的流域）

图5.13　河网与流域图

5.4.6　ARCGIS 9.x 中水文分析方法

水文分析不同于其他的分析方法，不能简单地通过运行某一项菜单直接得到结果，而是需要从不规则三角网出发，提取水流方向、计算汇流累积量，进而生成河网和流域分割模型。所以在此将 ARCGIS 9.x 软件中的水文分析过程简单地作一介绍。

（1）由不规则三角网生成规则格网数字高程模型（Grid），然后运用水文分析菜单下的填充洼地功能，得到研究区域内无洼地的数字高程模型，消除一些局部洼地对计算结果的影响：

ArctoolBox→Spatial Analysis Tools→Hydrology→Fill

其中栅格数据为 Grid 文件，填充深度选项不填写。

（2）由无洼地 DEM 生成水流方向图：

ArctoolBox→Spatial Analysis Tools→Hydrology→Flow Direction

（3）根据水流方向图可以计算汇流累积量：

ArctoolBox→Spatial Analysis Tools→Hydrology→Flow Accumulation

所生成的图形已经显示出河网分布情况。

（4）使用 Spatial Analyst 模块中的栅格计算器（Raster Calculator），计算出栅格河网图。然后将栅格河网矢量化，得到矢量河网图：

ArctoolBox→Spatial Analysis Tools→Hydrology→Stream to Feature

（5）由矢量河网图和水流方向图，能够计算出流域出水口点位图（Stream Link）。最后由出水口点位图和水流方向图，生成集水流域（Watershed，或集水盆地）。

由 GIS 软件生成的河网与集水流域图非常细碎，还需要进行归纳和修改，使其能够很好地反映流域与聚落的关系。

空间分析的结果图形可以运用屏幕拷贝等方式，粘贴到 Photoshop 软件中制作成图版，并且根据需要调整一些要素的色彩与透明度，再加入必要的注记，保存成图形文件，以备出版发行或展示之用。

5.5 空间信息的可视化

可视化（Visualization）是指运用计算机图形学和图像处理技术，将测量或科学计算过程中产生的数据及计算结果转换为图形或图像在屏幕上显示出来，并进行交互处理的理论、方法和技术。

可视化是一种计算方法，它将符号变为几何形体，是人脑印象构造过程的一种仿真，使研究者可以观察他们的仿真或计算结果，支持用户的判断和理解。其目的是便于人们理解现象、发现规律和传播知识。可视化提供了一种观察不可见事物的方法。

可视化的意义在于扩展了人类的视觉范围，使海量数据通过可视化变成形象，激发人的形象思维，得到高效的利用。可视化可以在人与数据、人与人之间实现图像通信，使人们能够观察到数据中隐含的现象，为发现和理解科学规律提供有力工具。可视化还能够实现对计算和编程过程的引导和控制，通过交互手段改变过程所依据的条件，并观察其影响。

5.5.1 科学计算可视化

可视化的研究起源于科学计算可视化，科学计算可视化是研究如何将科学计算过程及计算结果的数据转换成图形或图像信息，并进行交互式分析。科学计算可视化将一些抽象的理论、规律、过程和结果，形象化地用图形、图像直观地显示出来，使其更加生动、易于理解，从而大大提高了科学计算和分析的水平。同时，通过交互式分析，便于实现计算过程的引导和控制。

科学计算可视化应用领域十分宽广，既涉及自然科学的很多领域，也涉及各类工程计算，如分子模型构造的显示、天气云团的流动、地下水分布的预测等等。

5.5.2 空间信息可视化

空间信息可视化是指运用计算机图形图像处理技术，将复杂的科学现象和自然景观及一些抽象概念图形化的过程。更具体地说，是利用地图学、计算机图形图像技术，将地学信息输入、查询、分析、处理，采用图形、图像，结合图表、文字、报表，以可视化形式，实现交互处理和显示的理论、技术和方法。

空间信息可视化是科学计算可视化在地学领域中的应用和体现。空间信息可视化和科学计算可视化关系密切，所用技术和方法有相同之处，但也存在着差异。两者的主要不同是空间信息可视化过程更强调数字化和符号化的概念，而且空间信息可视化描述的是地理空间内的事物，可视化过程实际上是对地理空间信息的提取和综合。

空间数据的特点决定了可视化是 GIS 必须要解决的理论和技术问题。由于可视化能迅速、形象地表示空间信息，在 GIS 的发展过程中，从一开始就十分重视利用计算机技术实现空间数据的图形显示和分析问题。

为提高空间信息可视化的实用性，在空间信息可视化研究中一直十分注意在地形图上显示地物要素，研究点、线、面要素在三维景观上的叠加算法。

5.5.3 空间信息可视化的特点

空间信息可视化的常规形式指二维平面上数据的可视化，但随着多媒体技术、三维动画技术、虚拟现实等新技术的出现，空间信息可视化内容日益丰富多彩。其特点表现为：

（1）可视化过程的交互性

指空间信息可视化技术要为用户提供使用、操作、控制、管理和开发系统的功能。表现在界面的交互性、信息查询的交互性、可视化过程控制的交互性等。

（2）信息表达的可视性

数据可以通过图像、曲线、二维图形、三维图形和动画来显示，并可以对其模式和相互关系进行可视化分析。

（3）信息表达载体的多维性

指空间信息可视化表达涉及多种信息载体，因此多媒体信息集成是空间信息可视化的特点。表示对象或事件数据的多个属性或变量，而数据可以按其每一维的值，将其分类、排序、组合和显示。

5.5.4 空间信息三维可视化

空间信息是一种三维信息，20世纪90年代以来，三维物体的体特征可视化研究成为热点，三维及多维空间信息可视化研究深受关注。在GIS中，三维可视化研究最多，用得最多的是三维数字地面模型。在技术层面上，主要研究三维（多维）数据模型和数据结构、三维空间数据库管理系统、图形图像的实时动态处理等。

在三维仿真和三维图形的基础上，出现三维仿真地图，仿真空间地物的形状、光照、纹理，并在三维图形上实现三维测量和分析。十三陵的三维影像图中，可以清楚地显示出每个王陵基本上都位于一条山脉的前面，体现出传统皇家陵园的建造理念（图5.14，红色箭头所指处为陵墓）。

此外，基于多媒体技术的可视化，也是空间信息可视化中的重要内容。用图、文、声技术综合地表示空间信息是多媒体的特点。各种多媒体信息能形象、真实地表示空间信息的特征。

图 5.14 十三陵的三维影像图

5.5.5 虚拟现实

虚拟现实（Virtual Reality，VR）是空间信息可视化的新方式，是对现实或虚幻现实的仿真模拟，通过人与计算机进行交互操作，产生与现实世界相同的反馈信息，生成一个逼真的视觉、听觉、触觉及味觉三维感观世界，使人们感到仿佛置身于真实世界之中，用户可以直接用人的技能和智慧对这个生成的虚拟实体进行考察和操纵。

虚拟现实具有交互性（Interactivity）、想像性（Imagination）和沉浸感（Immersion）三个最突出的特征，或称"3I"特征。这也是 VR 与多媒体技术、科学计算可视化等相邻技术的区别。

交互性指参与者用专门设备，能实现对模拟环境的考察与操作，例如用户可用手直接抓取模拟环境中的物体，且有接触感和重量感，被抓起的物体也应随着手的移动而移动。

想像性是 VR 与设计者并行操作，为发挥它们的创造性而设计的。想像性极大地依赖于人类的想象力。

沉浸感即投入感，其目的是力图使用户在计算机所创建的三维虚拟环境中处于一种全身心投入的感觉状态，有身临其境的感觉。

虚拟现实技术在考古研究中的应用（可以称为"虚拟考古"）就是使用计算机技术生成逼真的三维古代环境、古代城市、考古遗址、考古发掘现场、考古博物馆等等，并配合相关的声音等信息。如同很多博物馆中制作一些考古遗址、墓葬的沙盘一样，虚拟考古可以根据考古调查、发掘的数据对当时情况进行虚拟，通过计算机动态地重现当时的历史片段或考古发掘现场等场景，达到非常逼真的展示效果。同时也能够根据考古学家的假设或推断进行虚拟，检验假设或推断的可靠性。

虚拟考古的用户不仅可以观察考古数据，而且可以与虚拟考古的对象进行交互，具有从外到内或从内到外观察考古数据空间的特征。比如用手（通过传感器或跟踪装置）或其他三维工具来操纵古代模型、感知虚拟考古对象的触觉乃至气息等等。这样，考古学家可以充分地利用考古数据，从不同角度使用多种方式来研究考古学的问题，提高工作效率，更会节省大量的时间；非考古专业的人士则可以非常直观地感知考古研究的过程和内容，领略考古学家所揭示的古代社会"真实"面貌，走进视、听等多重效果十分逼真的虚拟考古世界。

第六章 考古 GIS 研究

考古遗迹和现象具有空间特征，考古调查、发掘的资料都能够运用 GIS 技术进行处理和分析。本章以山西省临汾盆地（汾河中游及其支流滏河流域），河南省洛阳盆地（伊、洛河流域）、洹河流域，陕西省周原地区（七星河、美阳河流域）等区域考古调查、地形、水文、遥感影像等信息为基础，分别建立各区域的聚落考古信息系统，并运用 GIS 的空间分析功能，研究聚落分布与局部地区自然环境的关系，探索各研究区域中人类文明形成之初的人地关系特征。

本章研究涉及的四个研究区域大致位于北纬 34°~37°、东经 107°~115° 之间的北温带，中国东部季风区的西北部位，属大陆性季风气候。地貌格局上，洹河流域与洛阳盆地位于中国地势的第一阶梯的西缘，临汾盆地与渭河流域位于第二阶梯的东部，地势起伏显著，总体上属于第一级阶梯向第二级阶梯的过渡区域，海拔 100~2000m 不等（图 6.1）。

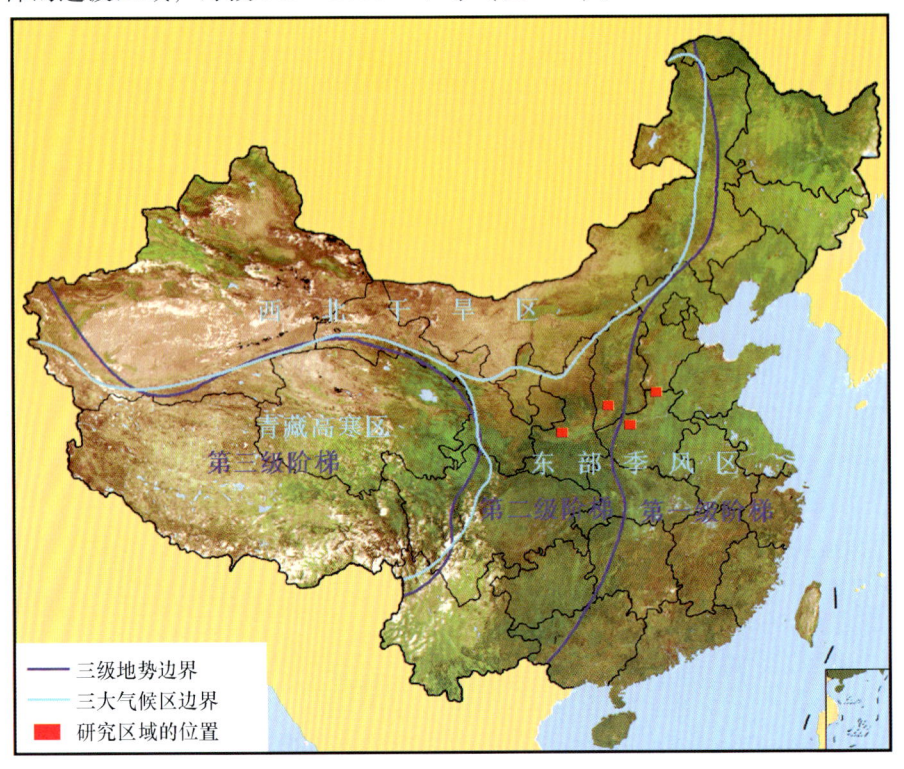

图 6.1 中国地势、气候区的划分与研究区域的位置

冬季亚洲大陆是冷空气的源地，形成冷高压，冷空气从大陆向四周辐散；夏季陆地加热迅速，形成热低压，暖湿空气从四周海洋吹向低压中心。季风气候造成研究区域内明显的气候特征是干湿季明显，四季分明。冬季受高纬度来的偏北季风控制，天气晴朗，寒冷干燥少雨雪。夏季主要受来自海洋的偏南气流影响，气候湿热、多雨。而且雨季起讫规律性明显，整体上属于半干旱少雨的地区。

四个研究区域中冬季1月份平均气温为0.4℃，夏季7月份平均气温约24~25℃。由于受地形和天气状况变化的影响，造成了河川径流时空分布不均。全年无霜期约220天，年日照时间约2222小时，年平均气温约14℃，年降水量约600~700mm。雨热同季，基本上满足两季作物生长的需要。全年降水极不均衡，6~9月份降水超过60%，另外8个月的降水不足40%。四个研究区域内都有重要的河流贯穿，较为丰富的水资源为原始农业的发展提供了条件，为人类的生产、生活提供了相对充足的水源。

中国的三级阶梯、秦岭、太行等山系早已形成，全新世以来各研究区域及其周边大的地形不会有太大的变化，季风气候的特征也应该基本类似，气温与降水会有所变化，但是应该都是冬季干旱少雨，夏季温暖湿润。

6.1 临汾盆地聚落考古研究

6.1.1 研究区域及资料分析

临汾盆地位于黄河第二大支流汾河中下游的汾河地堑内，周围有吕梁山、塔儿山、中条山、峨嵋岭等环抱。汾河地堑与陕西渭河地堑相接，合称汾渭地堑。汾河地堑形成于中新世晚期，包括忻州、太原、临汾、运城四大盆地。地堑东西两侧多泉水露出，由于泉水补给，汾河年径流量为26.6亿立方米，远超过山西省内其他河流（萧树文，2000）。

吕梁山在地质构造上为吕梁背斜，处于山西地台的西部，西翼有缓和的小向斜，地势较平坦，未经强烈切割，其上黄土覆盖。与临汾盆地衔接的东翼由断层构成，相对高差很大，由吕梁山流向临汾盆地的河流落差也很大，在山口形成不同规模的冲积扇。临汾盆地南部的峨嵋岭、东南部的中条山、东部偏北的塔儿山等起伏较为平缓，其山麓地带比较适合于早期人类生存（图6.2）。

图 6.2　临汾盆地的三维影像图（由南向北）

　　临汾盆地略呈带状分布，汾河自东北至西南纵贯其间，汾河的支流浍河、滏河自东向西横穿盆地东侧的中部和东南部。临汾盆地内黄土覆盖，水源充沛，自仰韶至汉代的数千年中，这里的聚落文化不断发展、进化，演绎着华夏文明发展史中的重要篇章。

　　1959 至 1982 年间，中国社会科学院考古研究所山西工作队对山西省西南部地区自仰韶至汉代的聚落进行了多次调查，并于 1989 年发表了《晋南考古调查报告》。这份调查报告从传统考古学研究的角度，对晋南地区文化类型的发展和演变进行了细致的分析，取得了重要成果，同时也提出一些很有意义的考古学问题（中国社会科学院考古研究所，1989）。

　　《晋南考古调查报告》中将整个调查区域分为南部的运城盆地和北部的临汾盆地。其中临汾盆地被吕梁山、塔儿山、峨嵋岭和中条山围成较为封闭独立的区域，贯穿期间的汾河及其支流浍河、滏河沿线都分布着大量的聚落，特别是临汾盆地中的襄汾、曲沃、侯马、翼城、绛县等地境内靠近河流的地带，聚落分布非常集中，具有典型的地域特征。由于浍河与滏河沿线聚落分布特征基本相同，所以本研究区域只选择汾河中游与汾河的支流滏河流域的聚落分布进行研究（图 6.3）。

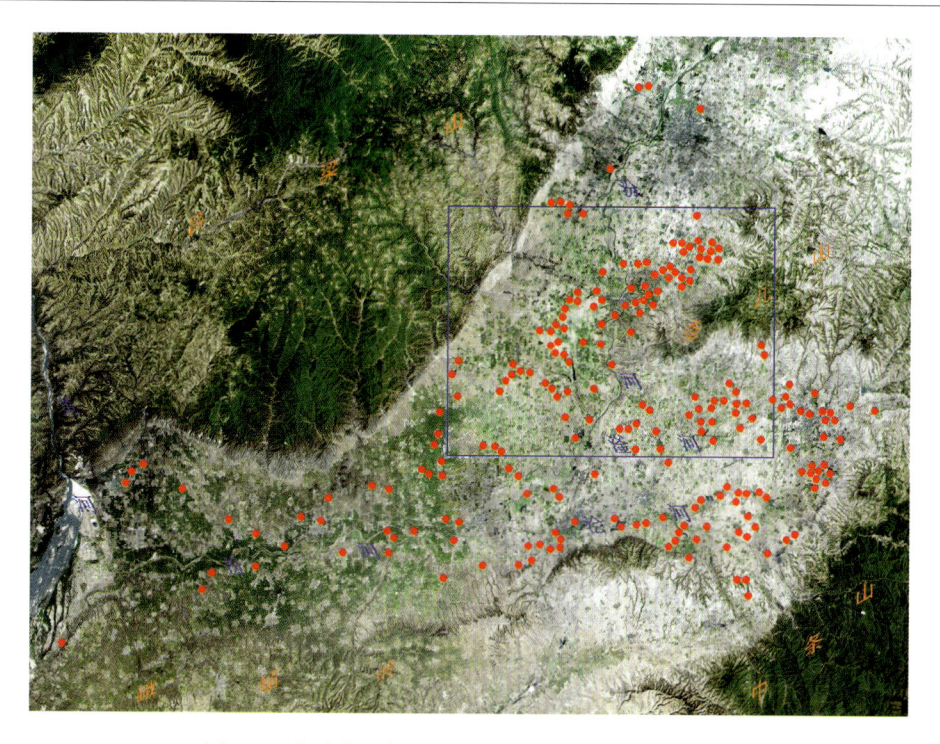

图 6.3　临汾盆地各时期聚落分布与本区域研究范围

根据《晋南考古调查报告》中研究区域内的考古调查资料、1∶5万地形图、卫星遥感影像等资料，建立了该区域内聚落分布地理信息系统。首先根据资料中描述的聚落位置，在地形图上标注全部聚落，再对地形图进行矢量化，建立等高线、水系、现代城镇、各个时期的聚落分布等矢量图层。其中水系层矢量化时，只是选择自然形成的水系，而对于现代人工开挖的平直渠道则不作选择。地形图上一些表示得不很清楚的汾河、浍河、滏河等的支流，都根据遥感影像进行勾绘，使其具有完整的线状特征。

各时期的聚落图层中，根据聚落面积的大小，将其分为四个等级。面积小于5万平方米的为小型聚落，面积大于5万而小于20万平方米的为中型聚落，面积大于20万而小于50万平方米的为大型聚落，面积大于50万平方米的为超大型聚落。有的聚落延续了几个时期，晚期为超大型的聚落，而相应位置早期聚落的面积没有说明。本节将其前一个时期的聚落定为大型聚落，前两个时期的定为中型聚落，再往前则定为小型聚落。研究区域内聚落的数目与等级情况如表6.1所示。

表 6.1　临汾盆地研究区域内各时期聚落的数目与等级

年代	总数	小型聚落	中型聚落	大型聚落	超大型聚落
仰韶时期	23	13	5	5	0
庙底沟二期	42	26	8	8	0
龙山时期	38	15	13	7	3
东下冯时期	22	12	5	5	0
商代	4	2	2	0	0
西周	10	3	2	3	2
东周	40	19	9	5	7
汉代	13	9	0	1	3

研究区域内聚落分布的 GIS 建设完成之后，运用空间叠置、缓冲区、可视域、坡度与坡向、水文等分析方法，研究聚落的分布、演变及其与地理环境之间的关系。

6.1.2　空间叠置分析

空间叠置分析能够将不同时期的聚落图层分别与遥感影像、数字地面模型、水系等图层进行叠加，展示古代聚落形态与地理环境之间的相互关系，以及不同时期聚落分布的变化特征。

将聚落图层按时间早晚顺序排列之后，可以看出在时间分布上，该区域中的聚落发展从仰韶时期开始到庙底沟二期发展迅速，至龙山时期达到鼎盛阶段（图 6.4），而且出现了很多大型和中型聚落，甚至有陶寺遗址那样的超大型聚落。东下冯时期聚落数目开始减少，在商、西周时期由于未知原因而聚落数目急剧减少（图 6.5），东周时期再慢慢发展繁荣起来，聚落数目和规模猛增（表 6.1）。

在一定时期内聚落剧减的情况在其他地域也曾出现。如陕西七星河流域在夏和早商时期几乎没有聚落，而其前、后几个时期则有很多的聚落。伊洛河流域有一些商代早期的聚落，而几乎没有商代中晚期的聚落。关于产生这种情况的原因，有学者认为可能是人口过度发展，对周围环境进行掠夺性的开发，导致环境恶化，人类无法生存而离开，或者是疾病、自然灾害等迫使人类迁徙到其他地域。也有可能与全国性政治中心的迁移有关。汾河流域有龙山时期的政治中心，聚落文化极为发达。伊洛河流域是夏与早商时期的政治中心，这段时间内的聚落很多。七星河流域在晚商时期因周人进住开始再度发展，西周时期达到空前鼎盛规模。

第六章　考古 GIS 研究

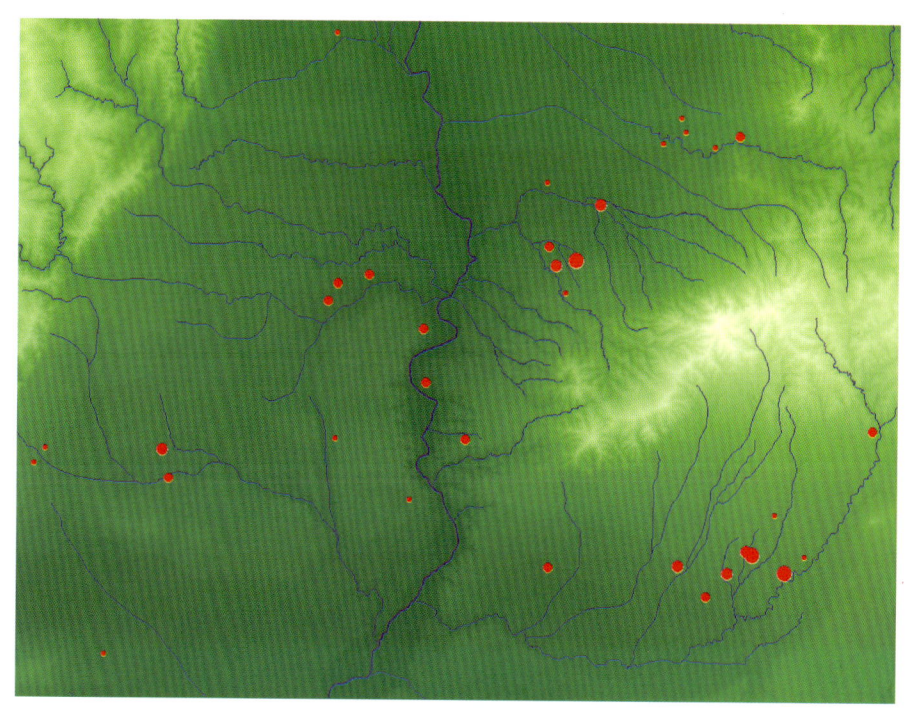

图 6.4　龙山时期聚落分布图

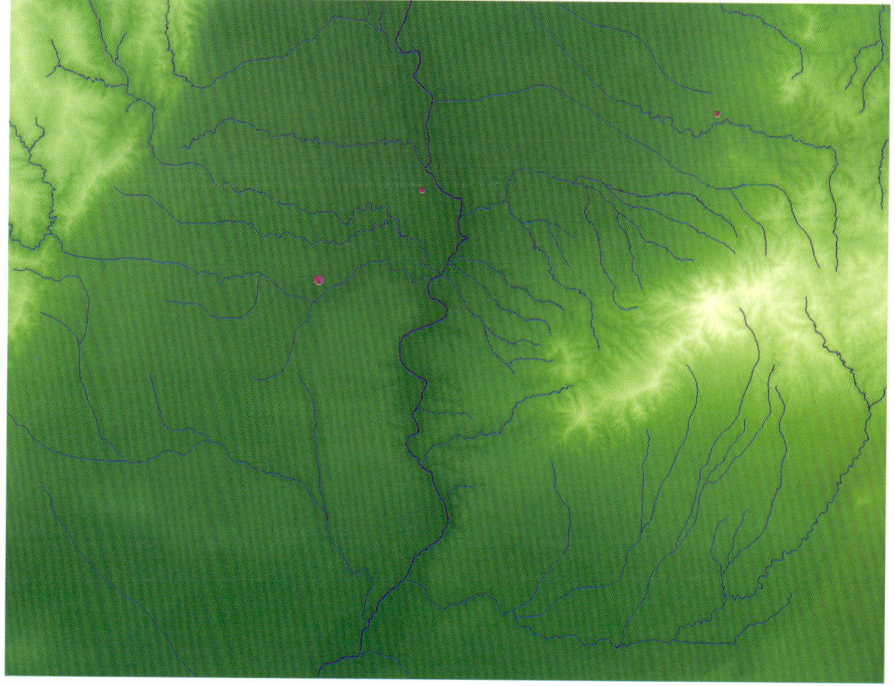

图 6.5　商代聚落分布图

6.1.3 缓冲区分析

本区域的研究中，各个时期的聚落基本上都是沿着河流分布，而且全部聚落基本上都是在汾河各支流两侧大约 600 米的范围内，所以建立 600 米的河流缓冲区来分析聚落分布与河流的关系（图 6.6）。600 米的数值是根据该研究区域以及其他区域中聚落距河流的距离大致确定的经验数值。

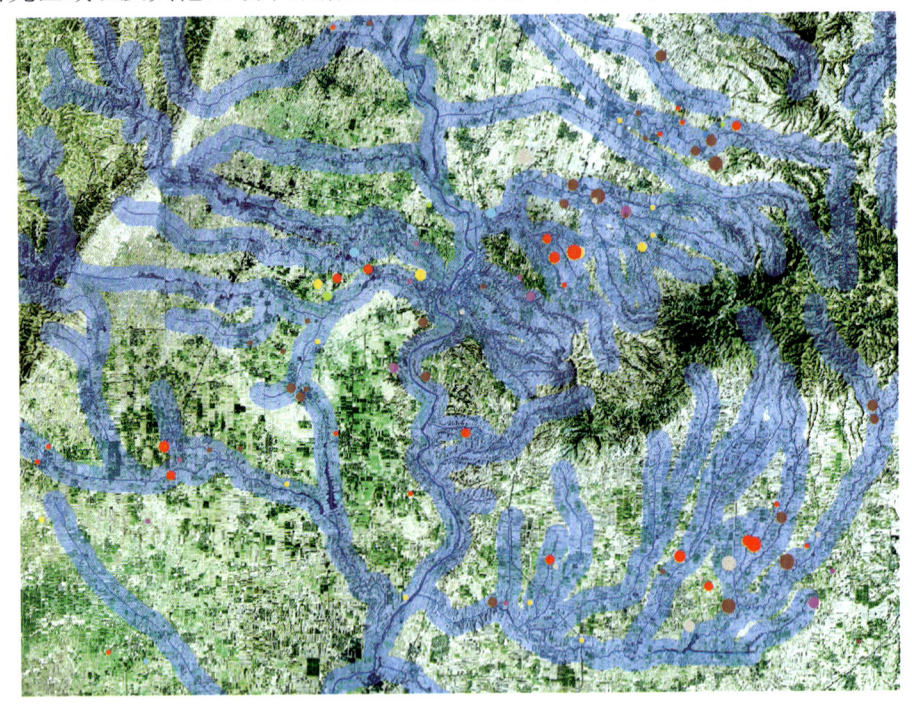

图 6.6　河流缓冲区与聚落分布

古代聚落沿河流分布的情况与其他一些地区的聚落分布特征比较一致，显示出当时人们的生活与水源有着极为密切的关系，人们在选择居住地点的时候首先要考虑与水源的距离。研究区域的西南部地势较平坦，现在修建了一些人工水渠，很难发现自然河流的痕迹，古代的自然河流遭到严重破坏。这里的少数聚落表面上似乎与河流无关，但是，当时它们应该与河流之间存在着密切的关系。

早期人类必须沿河流居住的原因，可能由于黄河中游属于半干旱性气候，全年的降水量较少，而且分布极不均匀。古代人们为了在旱季也能够生存在这里，必须在雨季储存足够的水量。于是人们只能在靠近河流的地方选择居住地，每个聚落的人们很可能都会在附近的河流上修建堤坝，使堤坝以上的河段成为一个个小型水库，常年储存一定的水量以满足人们长期生存的需要。当然，考古工作发现河姆渡时期就已经开始使用水井（浙江文物考古研究所，2003）。山西南部地区也发现过龙山时期类似水井的遗迹，但可能当时水井的使用并不很普遍，否则在距离河流较远的地方也可以生存，避免雨季中山洪爆发对聚落的威胁，所有的聚落也就不会紧紧靠近河流分布。

6.1.4 坡度与坡向分析

从研究区域中聚落的总体分布上看，各个时期的聚落基本上都集中在塔儿山西北和东南的山麓地带，其他地域则聚落很少。通过 GIS 软件生成坡度分析模型之后，可以看出坡度在小于 1°和大于 3°的地带几乎没有聚落分布，聚落基本上都分布于 1°至 3°的地带中（图 6.7）。

研究区域西部的吕梁山与汾河地堑因断层而形成。断层沿线的坡度很大，

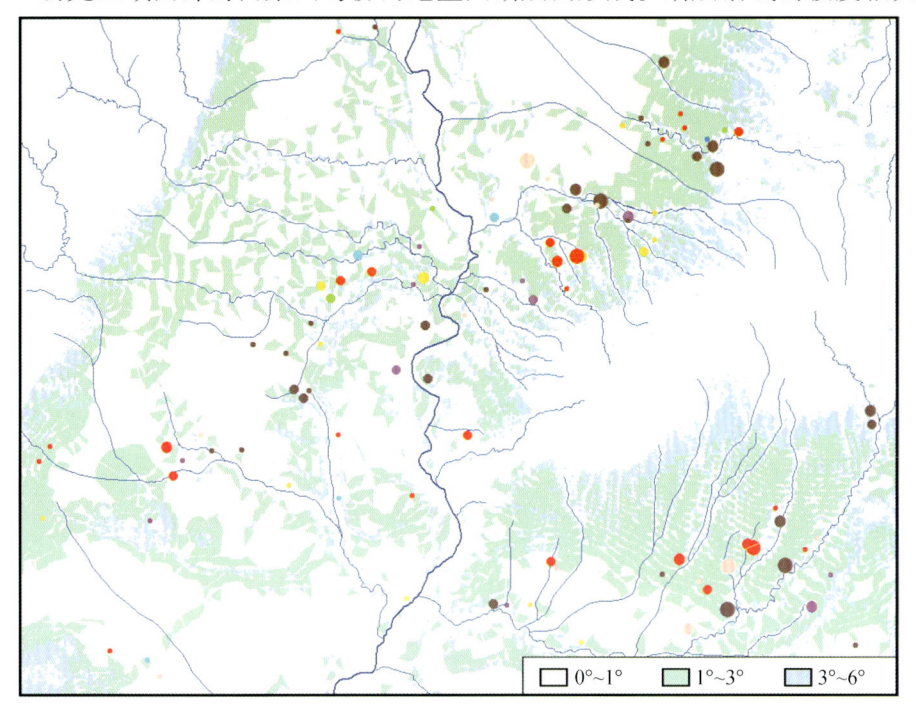

图 6.7 地面坡度与聚落分布

源自吕梁山中的河流进入临汾盆地后产生的落差很大，雨季中水的流速也很快，夹带大量的泥沙，不适合修建堤坝用来储水，人类无法在这里生存。这些河流在坡度较大的地带水的流速很快，搬运泥沙的能力很强，河流进入平坦地带时，河水的流速变得缓慢，搬运泥沙的能力降低，大量的泥沙沉积在河道之中，导致河道淤塞，生成山前冲积扇，使河流的稳定性降低，山洪暴发的时候经常发生河流改道等事件。所以临汾盆地西部的平坦地带不适合人类的生存。塔儿山四周比较平缓，发源于其间的河流长度有限，雨季中河水的流量也不会很大。塔儿山下 1°至 3°的地带中，河道下切很深，河流较为稳定，便于筑坝储水，适合人类的生存。而坡度较大的区域，往往地势也较高，河道中水的流量有限，无法满足人们生存的需要。

在坡向分析中，一般认为古人选择朝南的坡向居住时可以接收更多的光照，较少受寒冷的西北风的侵扰。但是该研究区域中聚落的分布与坡向的关系不很明显。塔儿山的南部与北部都分布有很多聚落，其原因应该是各时期中人类的生存主要依赖于水源，选择合适的河段才是保证全年具有充足水源的最重要条件，其他方面的因素应该都是次要的，有时候不得不放弃坡向等环境因素的选择（图 6.8）。另外，GIS 的坡向分析往往过于理想化，很多情

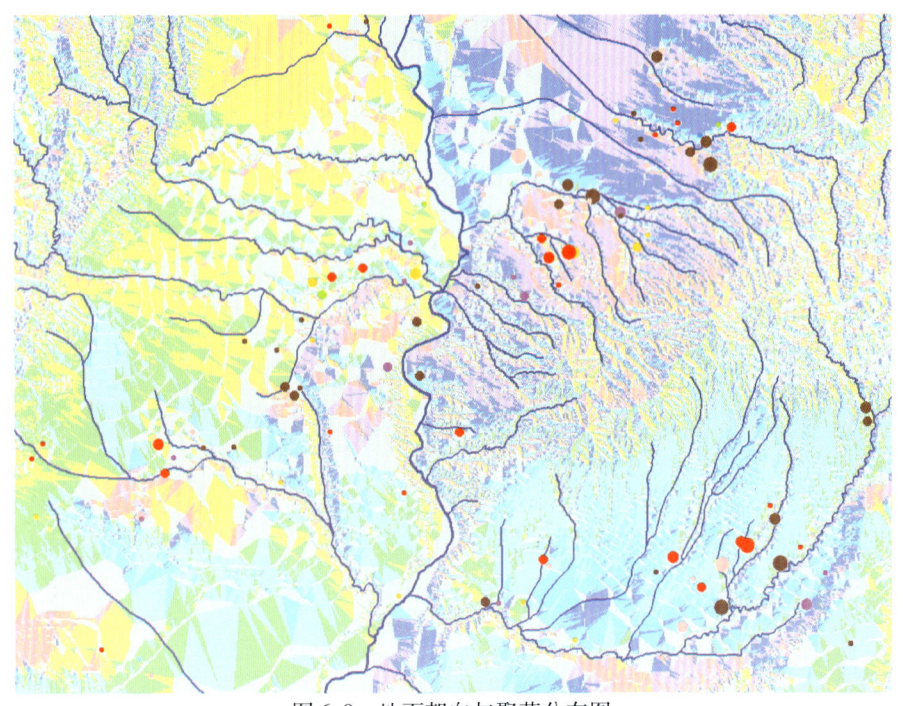

图 6.8　地面朝向与聚落分布图

况下地面坡向的差异很小，对人类的生存来说应该没有多大的影响，而 GIS 生成的坡向模型却指示出不同的坡向。

6.1.5 可视域分析

聚落间的可视与相互通视的观念在考古学分析和解释中十分重要。战略要塞或墓冢经常会定位于地势较高的地点，单个聚落的可视范围或一组聚落能否相互通视在考古学的景观结构中具有重要作用。国外一些考古学者发现，一些区域中的众多小型聚落都是分布于一个或几个大型聚落的可视域内，由此说明相互之间存在着的统治与被统治关系。古人确定聚落位置时可能会认真考虑各种关系，受到各种故事、传说或者一些重复的经历或遭遇的影响（David 等，2002）。所以可视性并非只是选择聚落、祭祀或其他活动场所的唯一因素。

在本区域的可视域分析中，以较为典型的仰韶、龙山（图 6.9）、东下冯等几个时期的超大型或大型聚落为视点，分别建立相应时期的可视域，发现各个时期的中、小型聚落基本上都不在相应时期大型聚落的可视域内。这种情况与国外一些学者的研究结果有所不同。

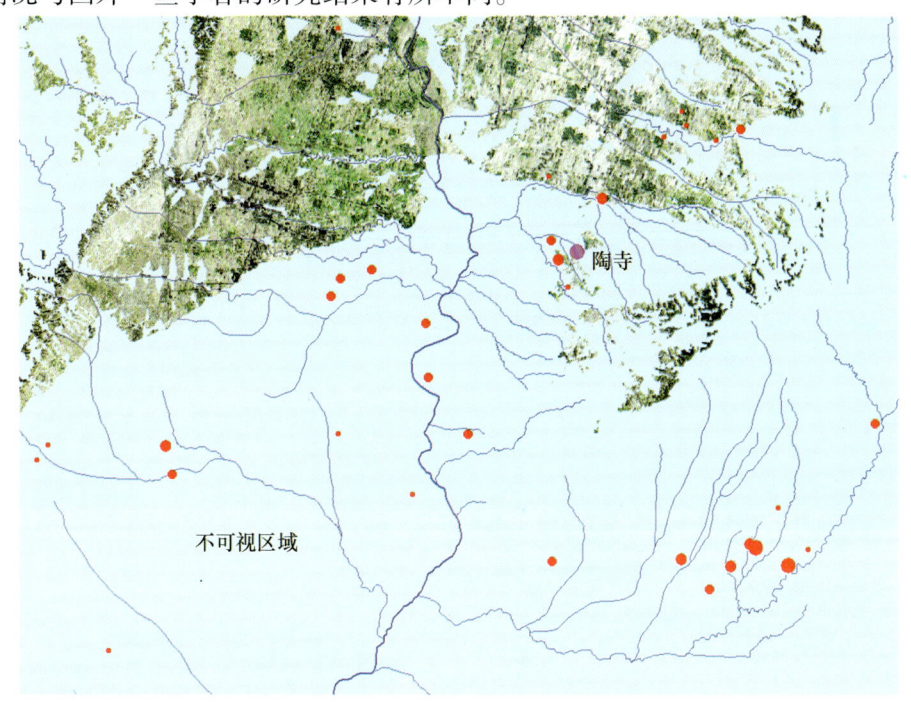

图 6.9 龙山时期陶寺遗址的可视域

产生这种情况的原因，可以从两个方面进行分析。一方面是各个时期人们选择聚落的时候，首先考虑的因素应该是距离水源的远近，生存的需要才是第一位的，在此基础上再考虑其他的因素。另一方面是在大型聚落内，人们可以修建很高的瞭望塔，或者选择聚落内地势最高的地方搭建瞭望台，这样可以看到周围的中小型聚落，牢固地掌握管辖地域内的各种情况。或者是在聚落附近的山顶上修建瞭望台，然后通过烽烟相互传递信息。另外，现在人们对史前社会的了解还不够全面，当时的聚落之间是不是需要相互通视，人们是否只有通过相互通视才能传递信息、实行有效的控制和管理等诸多问题，依然缺乏足够的证据进行研究。

田野考古调查和发掘工作已经查明，龙山时期的陶寺遗址是一个重要的超大型聚落，聚落的范围很大，内部也有较大的地貌变化。在陶寺遗址内不同位置建立的可视域会有很大的差别（图6.10）。如果再将视点升高10米或20米，可视域的范围还会有很大的变化。由此可见，可视域分析中视点位置的选择极其重要，直接影响到分析的结果。

关于古代聚落的可视性分析还应该考虑其他一些因素。诸如当时聚落周

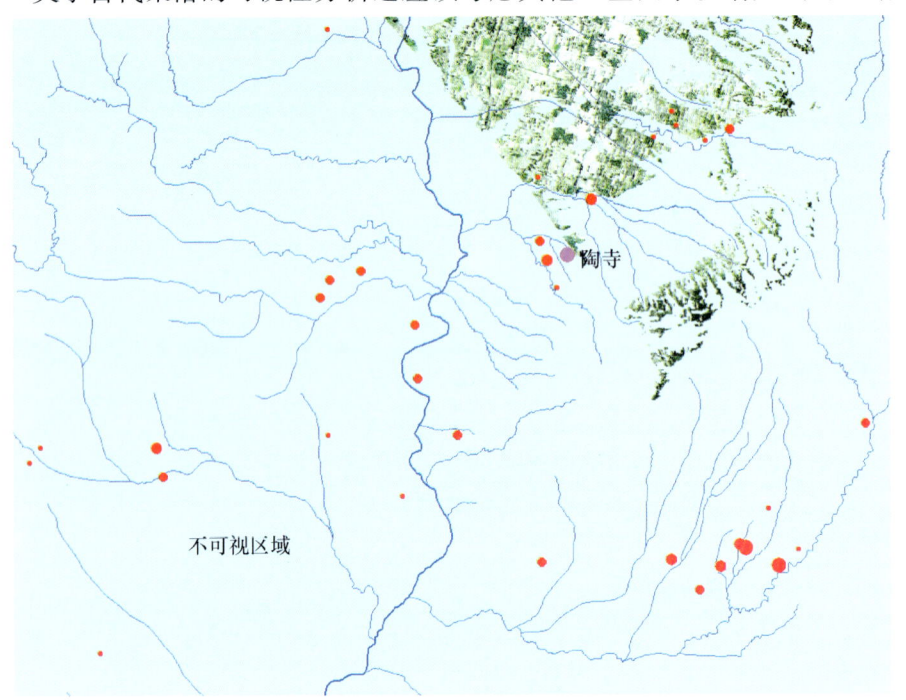

图6.10　陶寺遗址内另一位置的可视域

围的建筑物和植被的高度应该如何确定,它们肯定会直接影响聚落的可视范围。再者聚落调查时只是简单地把聚落分成几个时期,每个时期的时间跨度往往有数百年之久,现在尚不清楚在某一个特定时间上究竟有多少聚落同时存在。如果一个时期的聚落不完全是同时存在的,那么其可视性分析结果就缺乏足够的依据。

6.1.6 水文分析

通过 GIS 软件生成的集水区域,在地面有一定起伏的地带能够准确地反应地表水流的情况,但是在平坦的地带就不够准确,所幸平坦地带中分布的聚落较少。为了更好地反映集水盆地与聚落分布的关系,本节对 GIS 软件生成的流域进行一些编辑,按独立的水系将小的集水盆地进行了合并,得到较为完整的集水盆地,以便准确地展示聚落与水系、集水盆地之间的关系(图 6.11)。

水文分析的结果表明集水盆地的大小与其下游分布的聚落大小直接相关。

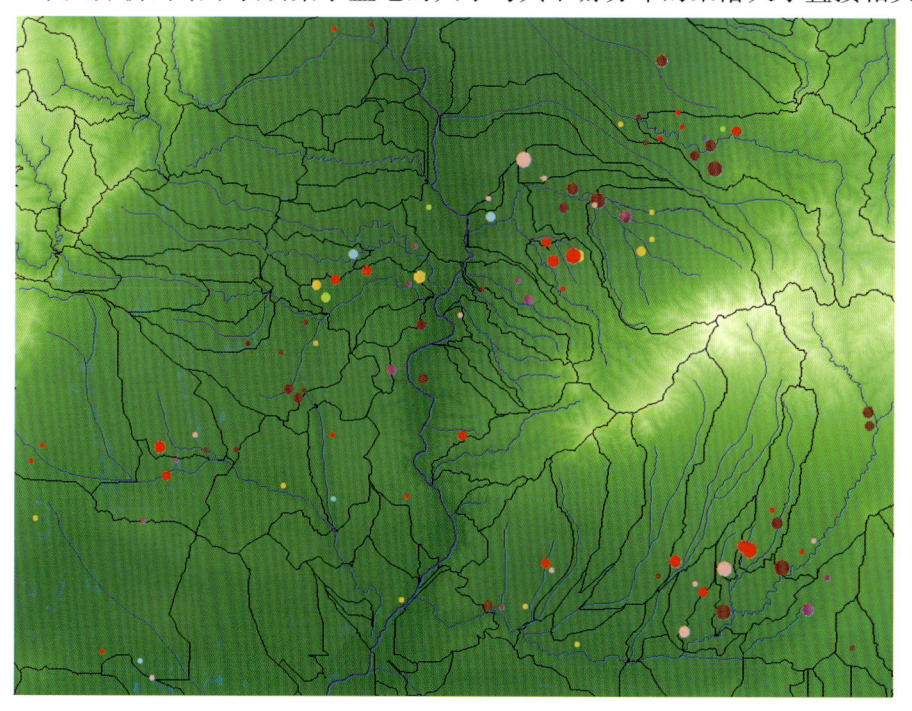

图 6.11 集水盆地与聚落分布关系图

塔儿山西部与西南部独立水系的集水盆地都很小，只有少量小型和中型聚落分布其间。而塔儿山的西北部与东南部的独立水系都具有较大的集水盆地，能够汇聚较多的水源，养活更多的人口，所以分布着很多大型乃至超大型的聚落。

6.1.7 小　　结

临汾盆地的聚落研究是根据田野考古调查中的聚落分布、水系、地形等数据，以地理信息系统的空间叠置分析、缓冲区分析、坡度与坡向分析、可视域分析等研究为基础，对汾河中游与滏河流域的仰韶至汉代聚落分布与环境的关系进行研究，提出自新石器时期开始，人们依赖并简单地改造自然环境的假设，探索 GIS 技术支持的古代人地关系研究的方法。

研究区域内汾河与滏河的支流众多，每条支流的汇水面积都很小，不同聚落的人们逐水而居，在每条支流上可能会修筑多座堤坝，从而使雨季中河流里水的流速和流量都得到较好的控制，一般的暴雨不至于冲毁堤坝。当然有时也会有大的山洪冲毁堤坝，人们需要经常性地修复和维护他们赖以生存的堤坝。研究区域中的聚落基本上都是沿小型的支流分布，而汾河沿岸与滏河下游分布的聚落则非常稀少，特别是大型和超大型的聚落，都是分布于小型河流密布的地带，其原因应该是雨季中汾河与滏河下游的水量很大而无法控制，当时的建筑水平应该是还不可能在宽阔的河流上修建足够坚固的堤坝。

何努先生曾经在湖北省京山县屈家岭遗址上发掘出"围堰"遗迹，由此提出"堰居式"聚落的概念（何努，2002），说明至少在屈家岭时期人们已经开始修建水利设施来储水。屈家岭文化的时间相当于中原仰韶之后、庙底沟二期之前，可以说时间上与临汾盆地的早期聚落比较接近。况且大禹治水的传说发生于龙山晚期，当时的人们在治水方面应该具备了较为丰富的经验。所以可以认为临汾盆地的先民自新石器时期开始在河上修建水坝应该是有可能的，而且这种方法一直延续至今。先民们修筑水坝的灵感可能来自河岸坍塌、短期堵塞河道产生积水的现象，少量坍塌的黄土遇水即成泥沙，很快就会被流水搬运而去，而严重的坍塌会使河流改道，因而自然情况下小型河流中很难形成大量的永久性储水河段。人们为了生存只能依靠自身力量，对周围环境进行力所能及的改造。

各时期的聚落远离汾河主河道，说明人类文明形成之初，人们改造自然的能力还很低下，面对汾河一类较大河流的汛期，只能选择远离躲避，显示出对自然界的无赖和恐惧。同时，沿稳定的小型河流居住虽然离开了洪水的威胁，但各个居住地点的汇水面积都非常小，其生存条件依然艰巨，遇到常年干旱的时候只能选择离开，另寻生存之地。这也很可能是众多聚落废弃、地域文化演变的直接原因。

临汾盆地研究的不足之处在于提出的各种假设只是根据GIS的空间分析方法得出的，缺少足够的田野考古工作支持，还没有得到传统考古学的进一步证实，而且有的假设（如修建水坝等）目前很难去证实，很多问题还需要作进一步的研究和探索。另外，临汾盆地的调查资料还不够全面，聚落的具体位置、形状和范围都没有详细的文字记录和图形资料，同一聚落在不同时期的面积也没有说明。而且诸如陶寺一类的超大型聚落，在当时调查时作为陶寺、中梁与沟西三个聚落。这些情况对该区域的研究都产生了一些不利的影响。

6.2 洛阳盆地聚落考古研究

6.2.1 洛阳盆地概述

洛阳盆地位于河南省西北部，四面环山，东南及南部有嵩山及其余脉万安山。秦岭山系崤山支脉的周山和邙山分别位于盆地的西部与北部。洛阳盆地在地质学上属拗陷盆地，内部南、北高，中间低，略呈东西狭长的槽形，较为封闭。盆地内的地势自西向东倾斜，西部海拔150米左右，向东逐渐降至110余米。盆地内河网较多，土地肥沃，水源较为充足，作为主要水系的洛河与伊河自西南向东横贯盆地，在盆地东部汇合为伊洛河，再向东北最后注入黄河。北部为邙山黄土丘陵，中部是呈三级阶地的伊、洛河冲积平原，南部为万安山低山丘陵和山前洪积冲积坡地（图6.12）。

洛阳盆地南部的嵩山山系西高东低，西起伊川、偃师两县之间，向东延伸到登封、禹州，后没入平原。嵩山属褶曲作用形成的块状山，经燕山、喜马拉雅山等造山运动挠曲断层作用，形成北坡倾斜平缓，南坡悬崖峭壁的山势。盆地北部的邙山沿黄河南岸延伸，起伏不大，较为平缓，为洛河与黄河的分水岭（黎承贤等，1990）。

洛阳盆地是华夏文明起源和发展的中心地带之一，为中华文明的繁荣做

图 6.12　洛阳盆地的三维影像图（由北向南）

出了巨大的贡献。洛阳盆地内分布着自新石器时代以来各个时期的大量古代聚落，本节涉及的二里头、商代早期与东周等时期的政治中心二里头、偃师商城与东周洛阳城也都位于其中，所以具有极其重要的考古学研究价值。该区域的研究中运用遥感影像分析和地理信息系统（GIS）的空间分析技术，对洛阳盆地内新石器时代的裴李岗文化时期至战国时代的聚落分布特征进行研究，分析洛阳盆地中不同时期的聚落分布与自然环境的关系，探讨漫长的文明演变过程中人们对自然环境的依赖关系和改造能力。

6.2.2　研究资料及其数据处理

2001年3月至2003年3月，中国社会科学院考古研究所二里头考古队分8次对洛阳盆地内大部分地区各时期聚落进行了系统踏查。调查的范围大体限于盆地中东部的偃师地段，西及西北跨洛阳市洛龙区、瀍河区和孟津县之一部，大致位于北纬34°~35°、东经112°~113°之间（图6.13）。2005年发表了该区域的调查报告（中国社会科学院考古研究所，2005）。

图 6.13　洛阳盆地与本项目研究范围

    本节研究中使用了野外考古调查的大量原始资料，包括四幅标注了各时期聚落分布的1:5万地形图和野外考古调查记录，此外还收集了局部地区1:1万地形图。使用的卫星遥感影像包括整个区域30米空间分辨率的TM影像、5米空间分辨率的SPOT影像、局部区域0.6米空间分辨率的QuickBird影像，以及部分地区的黑白航空影像等资料，建立了该区域内聚落分布的地理信息系统。

    资料处理中首先运用Geoway Scan软件对1:5万地形图进行了矢量化，建立了等高线、水系、现代城镇、各个时期的聚落分布等矢量图层。水系矢量化时，同样只是选择自然形成的水系。北部邙山南坡上冲沟很多，本节中只选择了其中的部分冲沟，而对于研究区域中人工开挖的平直渠道则不作选择。全部图层的矢量化工作结束后，再对其进行配准。Geoway Scan软件具有地图配准功能，只需确定图幅的编号、比例尺与四个角点的图上位置之后，即可将图幅配准到国家大地坐标系中，使图面上每个点都具有精确的大地坐标属性。

    各时期的聚落仍然根据其面积的大小，与临汾盆地的情况一样分为四个等级。该研究区域内聚落的数目与等级情况如表6.2所示。

表6.2 洛阳盆地研究区域内各时期聚落的数目与等级

年代	总数	面积不详	小型聚落	中型聚落	大型聚落	超大型聚落
裴李岗时期	4	2	2	0	0	0
仰韶时期	105	12	33	41	16	3
龙山时期	95	14	29	32	17	2
二里头时期	125	12	40	51	23	4
商代	60	7	22	24	5	2
周代	157	12	48	61	29	7

各种遥感影像都进行了一系列的增强处理，使影像的亮度均匀、反差适中。卫星影像还将不同波段的影像组合成彩色影像，调整影像的色调，使其更接近于自然色彩。然后需要在地形图上选择大量的、均匀分布的明显地点作为地面控制点，记录各控制点的大地坐标。最后在遥感影像处理软件中，确定遥感影像上各地面控制点的精确位置，并分别输入其平面坐标数值，对遥感影像进行纠正和配准，使其同样具有大地坐标属性，以便在地理信息系统中与地形图同时使用，进行空间叠置分析等研究。

全部遥感影像和矢量图层分别调入地理信息系统之后，设置各图层的显示方式，通过等高线和高程点生成不规则三角网，研究区域内聚落分布的GIS建设就基本完成。然后便可以运用空间叠置分析、缓冲区分析、坡度分析等方法，研究聚落的分布、演变及其与地理环境之间的关系。

6.2.3 空间叠置分析

将各时期的全部聚落与水系、数字地面模型进行叠置，显示出聚落分布与自然环境的密切关系（图6.14）。从整体上看，全部聚落可以分为三个部分。其一是伊河以南的聚落都是沿小型河流分布，调查区域内稍大一点的河流两岸都有很多聚落。其二是伊、洛河之间的聚落分布较为奇特，主要集中在研究区域的西部，基本上呈线性分布。往东有二里头遗址，再往东是伊洛河古河道，这一区域没有聚落分布。其三是洛河北部的聚落分布似乎与水系无关。邙山南麓往南至洛河之间地势平坦，早期的自然河流已经被一些人工水渠所替代，现在无法确定其位置。但是邙山上的很多冲沟的年代应该比较久远，邙山山坡地带的小型聚落都是靠近冲沟分布。这些冲沟继续往西流入平坦地带后，汇聚成一些小型河流。这一地区的聚落也应该是沿河流分布。

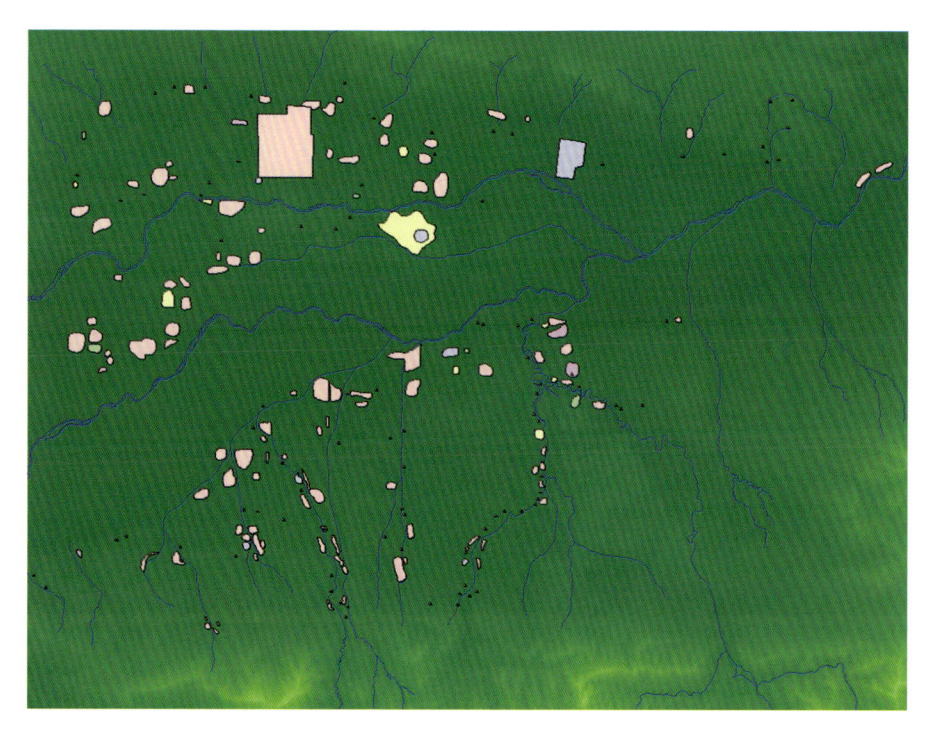

图 6.14　各时期聚落分布图

数千年来，伊、洛河之间的河道活动非常频繁，对各个时期聚落的分布也有很大的影响。为此本节对该区域的各种遥感影像都进行了增强处理，发现初冬季节高分辨率的 QuickBird 影像上显现出一些极有价值的线索（图 6.15）。这幅遥感影像上清晰地显示出至少三个时期的洛河古河道（分别以红色和青色箭头表示），三条古河道的时间先后关系可以根据叠置聚落图层来进行简单的分析。

图 6.15 中青色箭头指示的古河道较为宽阔，边界模糊，时间上应该更早。其西部基本上与洛河连接，往东从二里头遗址南面经过，其中往西南方向分支的年代可能更早。聚落图层与遥感影像叠置后，发现这两个古河道上从仰韶时期开始便有聚落分布，可以判断其年代应早于仰韶时期。红色箭头所指的古河道显得弯弯曲曲，从仰韶至周代的聚落都没有叠压在这段古河道之上，年代可能较晚，这里可能是仰韶时期以后的洛河河道，至于废弃的年代，从遥感影像上尚无法判断，需要到实地作进一步的考察。

图 6.15　洛河故道与局部区域的聚落分布

6.2.4　缓冲区分析

为了进一步分析聚落分布与水系的关系，本区域中仍然使用了缓冲区分析的方法进行研究。根据其他几个区域聚落分布的研究经验，并结合洛阳盆地内聚落分布的特点，建立 600 米的河流缓冲区来进行研究（图 6.16）。

伊河南部的地势往南逐渐抬升，有一定的起伏。发源于万安山的小型河流众多，聚落基本上都分布于这些小型河流两岸 600 米的缓冲区内。邙山南坡的一些小聚落也是严格地遵循着这样的规律。邙山南麓与洛河之间平坦地带上的自然河流现在已经无法确定，但这里的聚落基本上都是位于邙山南坡冲沟的下游，应该分布于连接这些冲沟的小型河流两侧 600 米范围之内。洛阳盆地中二里头都城遗址应该位于当时的洛河（或伊洛河）北岸，这可能是国家形成之后，人类生存能力提高的一种标志。人们可以从山坡上走下来，在较大的河流岸边修筑城池，使自身的生存有了充足的水源保障，具备了较强的应变环境变化的能力。于是，人们可以长期地生活在这里，使二里头文化繁荣昌盛。

第六章 考古 GIS 研究

图 6.16 河流缓冲区与各时期聚落分布

研究区域西部伊、洛河之间的聚落分布比较奇特，似乎与河流无关。地形图上伊、洛河之间东部现有一条水渠，可能是沿地势低洼的洛河（或伊洛河）古河道开挖而成。该水渠到西部聚落附近时消失，如果将其沿这一片聚落的中间向前延伸，可以画出一段弧线型河道（图 6.16 中红色线条），再建立这段弧线型河道的 600 米缓冲区（浅黄色条带区域），可以发现这一区域的聚落基本上都分布于这样的缓冲区内（图 6.16）。

存在这种弧线型河道是完全有可能的。河道在发展演变过程中，往往会存在"平直—弯曲—平直"的过程（图 6.17）。由于不同地段河岸的质地不同，质地松软的地方河道往往会发生弯曲（图 6.17 a）。河道弯曲会改变水流的方向，使河道不断向弯曲的方向侵蚀，而且弯曲的程度会越来越大（图 6.17 b、c）。最后，河道会裁弯取直，留下弯曲的牛轭湖（图 6.17 d）。

一般情况下，河道裁弯取直后往往

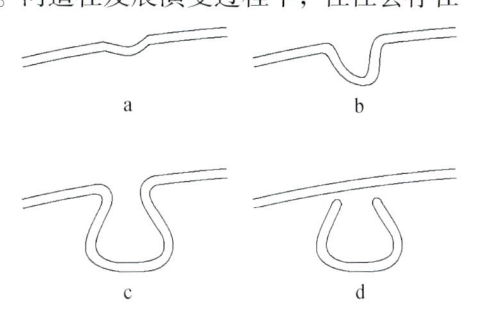

图 6.17 河道演变示意图

会继续下切，使河床高度不断降低。而牛轭湖不会下切，加上不断淤塞等原因，牛轭湖与河床的高差会越来越大。洛阳盆地中地势较为平坦，研究区域西部与东部的河道落差很小，通过计算发现地面坡度在0.5°以内，河床下切的速度就会非常缓慢。于是牛轭湖与河床的高差很小，经常有少量的水流通过，自仰韶至周代的数千年中，人们能够沿废弃河曲居住，遗留下特殊的聚落分布特征。

古代聚落沿河流分布的情况与其他一些地区的聚落分布特征比较一致，显示出当时人们的生活与水源有着极为密切的关系。人们在选择居住地点的时候首先要考虑与水源的距离，而且早期是选择水量较小的小型河流居住。随着生产力水平的提高，人们开始靠近较大的河流建筑城池，生存能力也得到了很大程度的提高。

6.2.5　地面坡度分析

地面坡度往往对聚落的分布产生显著的影响。通过 GIS 软件生成坡度分析模型之后，再根据聚落的面积将各时期的聚落划分为大型聚落、中型聚落

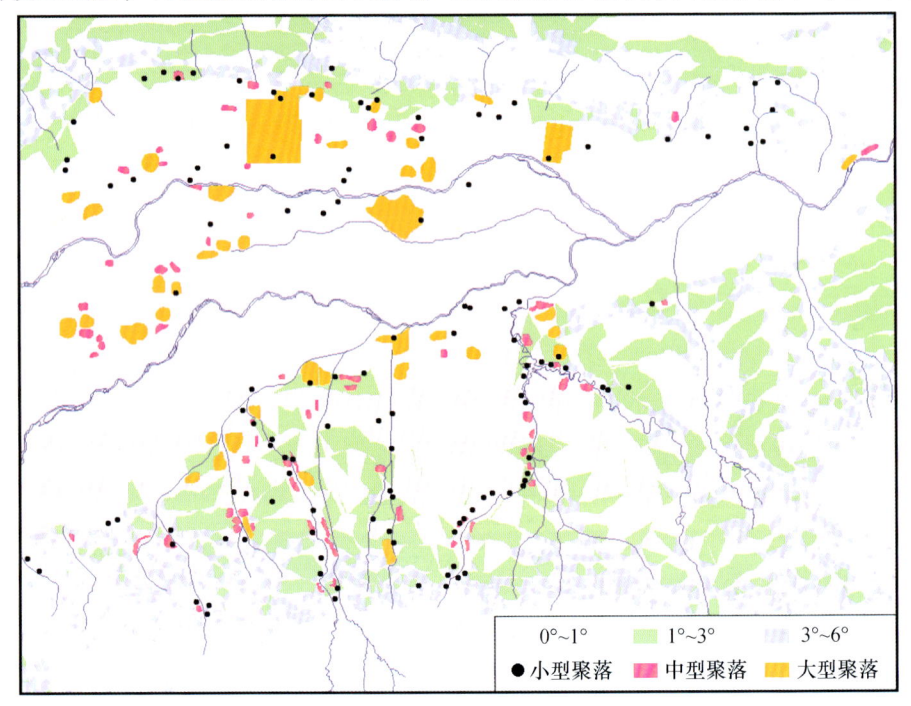

图 6.18　地面坡度与各时期聚落分布

和小型聚落三个等级，由此清晰地显示出地面坡度与聚落面积之间存在着非常密切的关系（图6.18）。

研究区域内河床的高程是120米左右。大型聚落基本上分布于高程160米以下的区域内。160米以上的区域中地面坡度有所增加，沿小型河流出现一些中型聚落，只有极少数的几个地点出现大型聚落。

小型聚落大多分布于河流的上游。研究区域东北与南部的很多小型聚落甚至位于地面坡度大于6°的山坡之上。其中一些小型聚落从仰韶时期便已经存在，延续到龙山、二里头等几个时期，但仍然没有发展成为中型聚落。由此可见狭窄的空间与少量的水源严重地制约着聚落规模的发展。平坦地域和坡度小于3°的地带中也有一些小型聚落，但是随着时间的推移，其中的一些小型聚落发展成为中型乃至大型聚落。大型聚落基本上都是分布于地面坡度为1°左右和1°以内的地带中。开阔的空间与充足的水源应该是聚落规模不断扩大的必备条件。

6.2.6 水文分析

洛阳盆地的水文分析也是通过数字高程模型（DEM）填充伪洼地之后，得到流向图，再计算汇流累积量，最终得到各支流的集水盆地。细碎的集水盆地经过合并之后，得到各河段比较完整的集水盆地范围（图6.19）。

集水盆地的范围划定之后，可以看出研究区域北部、邙山南坡的集水盆地面积都非常小，各时期的小型聚落很难发展壮大，只有当河道进入平坦区域之后，才出现中型和大型聚落。研究区域的南部、万安山北麓的集水盆地面积不等，从东往西的集水盆地面积有逐渐递减的趋势，聚落的分布也是具有同样的趋势。西南部只有极少的小型聚落。

根据集水盆地的分布情况进行推测，研究区域北部外侧的西段各冲沟具有较大的集水盆地，应该还有小型聚落；万安山中部的山口附近、研究区域南部外侧的中段与东段，一些河段的集水盆地较大，坡度也较为平缓，具备聚落分布的基本条件，可能也会有一些小型乃至中型聚落分布其间。邙山南部的水系中，东周洛阳城周围的集水面积与城址面积相比显得太小，根本无法满足东周洛阳城用水需求，那么汉代的谷水是否在当时就已经存在便是一个值得注意的问题。谷水是洛河北面的一条东西向河流，它连通了邙山南部的众多冲沟，可以汇集大量的水源，从东周洛阳城中部的位置穿过。只有在这种情况下，才能保障庞大的东周洛阳城拥有足够的水源。

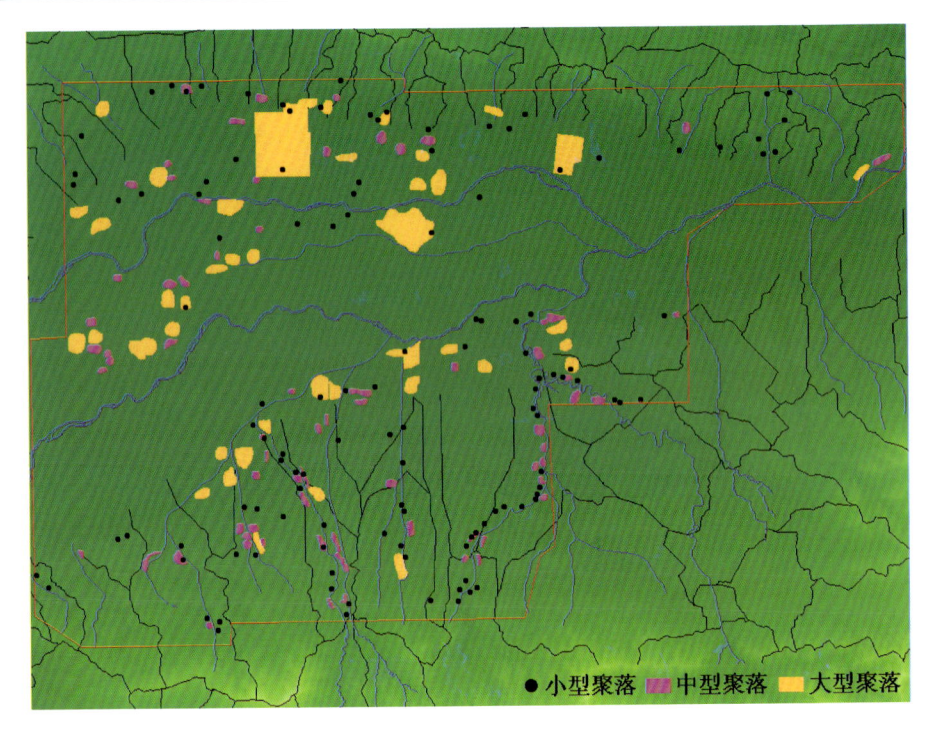

图 6.19　集水盆地与各时期聚落分布

6.2.7　可视域分析

洛阳盆地中可视域分析的视点选择在汉魏时期的圜丘遗址顶部。通过 GIS 软件空间查询等功能，可以发现圜丘遗址现在残存的相对高度约 60 米，距离洛阳汉魏故城约 20 公里，位于洛阳汉魏故城中轴线延长线的偏西位置。由圜丘顶部建立的可视域基本上能够覆盖洛阳盆地中所有的聚落（图 6.20）。很多学者都认为圜丘遗址基本位于洛阳汉魏故城中轴线的延长线上，是东汉、北魏时期都城的重要附属建筑。那么有必要研究东周乃至更早时期的圜丘是否也是一处重要遗迹。

人的肉眼所能看见的范围毕竟有限，国外一些学者在可视性研究中，认为在 1.5 公里的开阔地带中，古代人们的肉眼可以观察到地面上人与动物的活动情况，超过 1.5 公里的距离，只能观察到大型的建筑物和地物等情况。天气晴朗的时候也许能够看见 10 公里外的山峰，但是绝不可能看见一般的房屋等建筑物和人类的活动情况。那么应该很难说圜丘对于相隔 20 余公里的汉魏故城仍然具有重要意义。

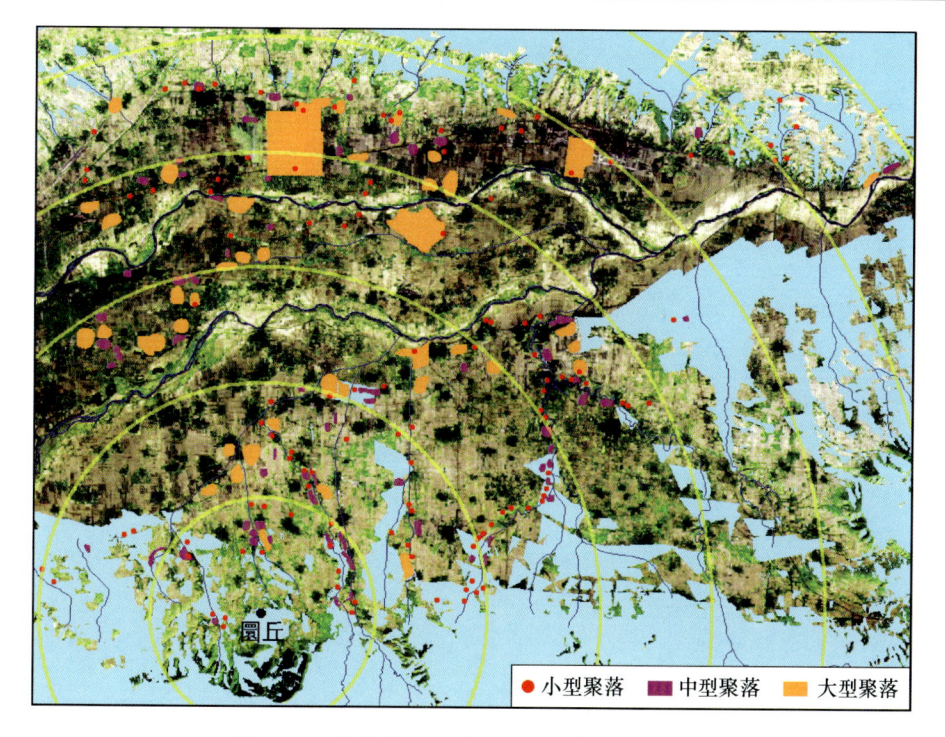

图 6.20　洛阳盆地中从圜丘遗址建立的可视域

（黄色同心圆的间隔为 5 公里）

6.2.8　小　　结

  洛阳盆地是一个极其典型的聚落考古研究区域，内部有平坦的冲积平原，也有起伏的山前坡地，不同时期的聚落分布极具代表性，田野考古调查的材料翔实、精确，内容丰富，非常适合于地理信息系统的分析和研究。本区域的研究是根据洛阳盆地内聚落分布特征、水系、地形与遥感影像等数据，以 GIS 的空间叠置、缓冲区、坡度、水文等空间分析技术为基础，结合对局部区域高分辨率遥感影像解译和分析结果，研究和探索洛阳盆地中的仰韶至周代聚落分布与自然环境的关系，揭示水系、地形对聚落分布的影响程度，并根据聚落分布特征对古代河道进行推测。

  该区域研究的不足之处在于洛阳盆地中部过于平坦，洛河两侧的二级阶地中无法确定古代河流的具体位置，对多种空间分析技术的研究都产生了一些不利的影响。特别是偃师商城与东周洛阳城周边的古代水系无法确定，所涉及的一些考古学问题尚不能作进一步的解释，需要今后获取大量新的田野考古资料来进行补充验证。

6.3　洹河流域聚落考古研究

洹河发源于太行山东麓的林虑山区，入安阳市境内之后向北蜿蜒，在水冶镇附近折向东流，经安阳市区北部，续行20余公里后转向东南，而后注入海河的支流卫河。洹河流域的地势平坦开阔，土壤肥沃，温暖湿润。太行山是中国陆地地形第二级阶梯的东部边缘，吕梁运动期始成太行山雏形，海水在奥陶纪中期退出。晚古生代时，境内地壳发生下沉，海水侵入。中生代，南部上升，北部局部拗陷。燕山运动时，形成新华夏式褶皱带。喜马拉雅运动时，表现为强烈断裂，并伴随大幅度拗曲，形成复式单斜褶皱（马至正，2000）（图6.21）。

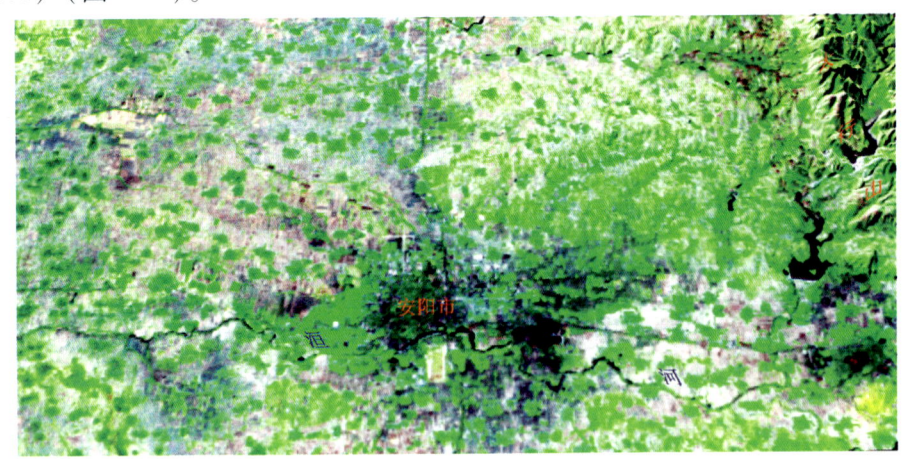

图6.21　洹河流域的三维影像图（由北向南）

洹河流域分布有数目众多的古代聚落，中商时期的洹北商城与晚商时期的殷都，也分别位于安阳市北郊和西北郊的洹河岸边。这些聚落具有重要的考古学研究价值，对研究安阳地区史前与商周时期人地关系的格局及其发展演变都具有重要的意义。1997年中国社会科学院考古研究所与美国明尼苏达大学考古实验室合作，对洹河流域仰韶至东周时期的考古遗址进行调查和研究，并于1998年发表了《洹河流域区域考古研究初步报告》（下文简称《洹河报告》）（唐际根等，1998）。本区域GIS研究中考古方面的信息数据均取自《洹河报告》，同时还使用了相应地域1∶10万地形图（1978年版）、1∶5

万地形图（1992年版）和美国陆地卫星的TM影像（1993年10月19日、1987年4月22日）。

《洹河报告》中将考古遗址分为仰韶文化、龙山文化、下七垣至殷墟大司空一期、殷墟、西周和东周六个时期进行研究，本论文也按照类似的方法，将每一时期作为一个数据层，并且在显示模块中以不同的颜色加以区别。聚落的大小以直径不同的圆表示，只发现墓葬的遗址以小方块表示（图6.22、图6.23）。

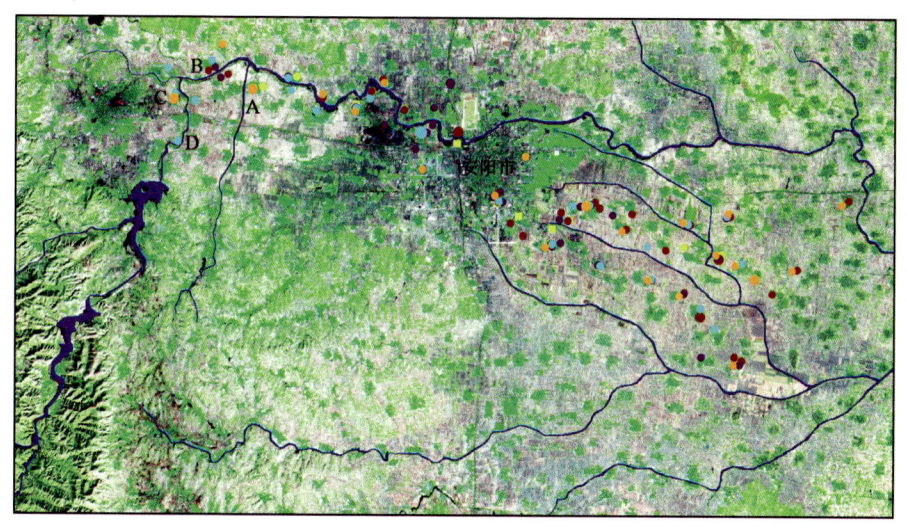

图6.22　洹河流域仰韶至西周时期遗址分布图

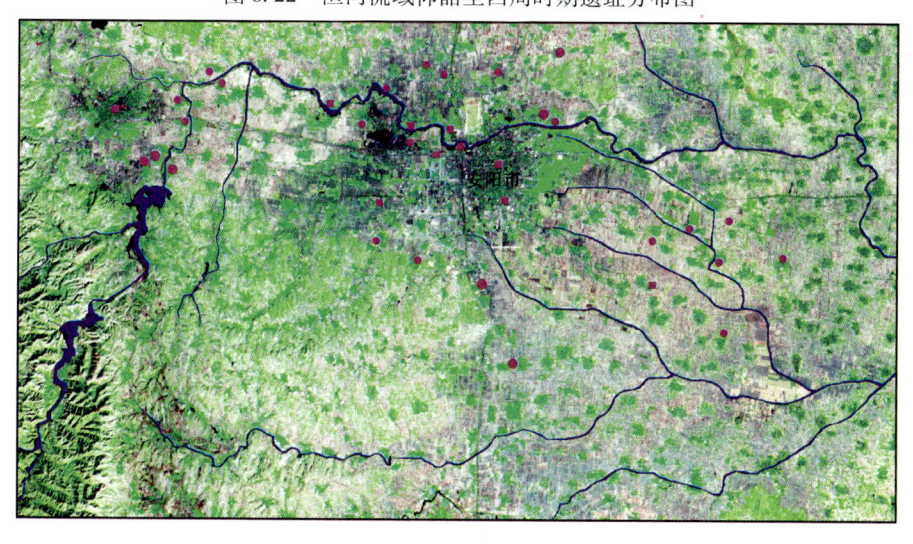

图6.23　洹河流域东周时期遗址分布图

GIS 中考古遗址各图层的属性库记录各遗址的编号、名称、类型、大小、调查时间、调查人员、开展工作情况、地层情况等属性。这些属性数据有的已经在《洹河报告》中发表过，有的是最近取得的数据。遗址的编号也与《洹河报告》一文的情况保持一致。本区域各时期遗址的基本情况大致如表 6.3 所示。

表6.3　洹河流域研究区域内各时期遗址的数目与等级

年代	总数	小型聚落	大型聚落	超大型聚落
仰韶时期	14	不详	不详	0
龙山时期	30	27	3	0
下七垣时期	29	28	1	0
殷墟时期	25	23	0	2
西周时期	22	18	4	0
东周时期	27	20	7	0

在仰韶、龙山、下七垣至大司空一期、殷墟四个时期，洹河流域的聚落数目不断增加，沿洹河最上游聚落的位置不断提升，分别从图 6.22 中的 A 点，上升至 B、C、D 等位置。殷商灭亡之后，西周时期的政治中心西移，洹河流域的人口数目减少，聚落的数目和规模都有很大程度的缩减，人们没有继续逆流而上去居住。但东周时期聚落数目膨胀，人们再次向上游进发，在靠近太行山的山麓地带生存。

从安阳市区往西的洹河上游地段，前五个时期的聚落基本上都分布于洹河两岸，显示出聚落分布与河流之间的密切关系。但安阳市往东靠近洹河下游的地段，却没有任何聚落分布其间，与洹河上游的情况形成鲜明的对比。在安阳市东南方向，聚落却基本上沿两条线状特征分布，预示着可能这就是史前至商、周时期洹河的走向，而后来由于河流的改道，洹河下游的水流方向发生了很大的改变，形成了现在的水系布局。

到了东周时期，洹河流域聚落的分布发生了很大的变化，很多聚落远离了河道，可能预示着当时人们的生活方式发生了重大的变革（图 3.28）。人们靠近河道生存，表明人们对河道具有强烈的依赖，河道可能是提供生存用水的唯一途径。但是雨季中的河道很可能发生洪涝灾害，对人们的生命、财产构成严重威胁，从而使人们产生远离河道去生存的愿望。只有当人们远离河道也能获取足够的生活水源的情况下，才有可能选择离河道较远的地方居住。所以东周时期聚落分布的特征，可能说明当时的水井已经得到普遍使用，人们的生存能力有了进一步的提高。

洹河从太行山中流出，进入一片开阔的地带。洹河的水流为各个时期的聚落提供了充足的水源。晚商时期自盘庚迁殷之后的 200 余年中，商文化不断繁荣，物质资源不断积累，但最终因商纣王荒淫无度而被周人所灭。洹河的支流均不发达，水流量很小，古人无法沿洹河的支流居住，只能选择靠近比较稳定的洹河来生存。

6.4 七星河、美阳河流域聚落考古研究

6.4.1 研究区域概况

七星河与美阳河均发源于陕西省岐山县的岐山南麓，向南 20 余公里后注入渭河的支流汧河。七星河与美阳河流域为黄土台塬地貌，黄土堆积很厚，河道下切很深，河流短小，流域面积也很小，背面靠山，其余三面均为开阔地带（图 6.24）。

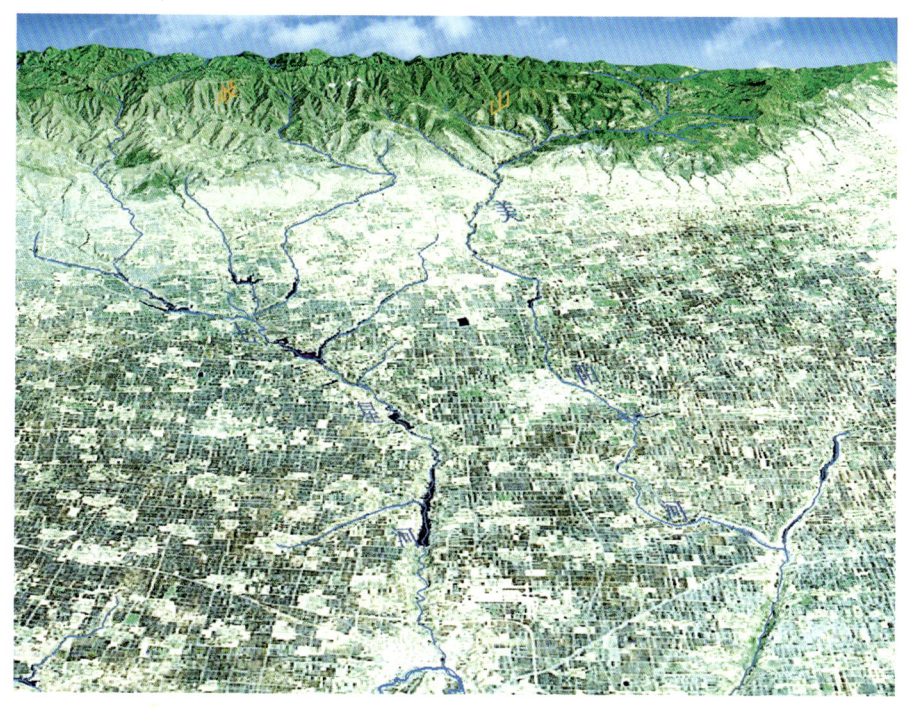

图 6.24　七星河、美阳河流域的三维影像图（由南向北）

古生代初期，秦岭褶皱系沉积了巨厚的寒武系和奥陶系，陕北断拗则沉积了厚度不大的寒武系和奥陶系。加里东和海西造山运动期，秦岭和大巴山褶皱成山，伴有断层产生，沿断裂带有大量花岗岩侵入，生成秦岭山区的金属矿。陕北台坳表现为振荡运动，沉积了石炭系和二叠系海陆交互相含煤系地层。中生代的印支和燕山运动，陕北变成内陆湖泊、沼泽，沉积了湖相含煤系地层。新生代喜马拉雅运动中，秦岭地区再度上升，北坡断裂下陷，形成渭河断陷，广泛为新近纪沉积层覆盖，形成关中平原。新近纪陕北气候寒冷干燥，沉积了巨厚的风成黄土，陕北高原抬升的同时，秦岭北麓的渭河地堑进一步扩大和加深，形成八百里秦川，是中华文明形成与发展的重要区域（田泽生，2000）。

七星河自岐山南麓向南流经扶风县城后注入汧河，全长约25公里。美阳河自岐山南麓向南流经法门镇后注入汧河，全长约28公里。七星河与美阳河流域为黄土台塬地貌，东西宽约8至16公里，跨扶风县与岐山县两县交界地带，包括岐山县的青化镇、京当乡、祝家庄乡，扶风县城关镇、法门镇、黄堆乡等乡镇。这一区域有很多从仰韶时期至西周晚期的聚落遗址，为了研究这些遗址的时空分布规律，周原考古队于2002年秋季对七星河流域进行了系统调查（徐良高等，2005），2005年秋又对美阳河流域进行了调查（徐良高等，2008，待刊）。调查范围的南界在七星河、美阳河与汧河交界处的南岸，北界为岐山南麓，东以美阳河东侧的分水岭为界，西边南段至七星河与汧河的一个较短的支流冲沟之间的分水岭，北段以七星河流域与孔头河的分水岭为界（图6.25中红色虚线表示为调查区域边界）。

七星河与美阳河流域田野调查的范围涉及十余幅1:1万比例尺的地形图，构成的区域形状也不规则。但是调查区域的东西方向恰好在一幅1:5万地形图的范围之中，南北方向占1.5幅1:5万地形图，于是为了减少工作量

图6.25　七星河、美阳河流域的调查范围

并方便成图,本区域研究中对该区域的1:5万地形图进行真彩色扫描,处理后对等高线、水系、主要城镇等要素分别进行矢量化。十余幅1:1万地形图为单色图,直接扫描成黑白图像后,图上标绘的各遗址的位置与范围分别进行矢量化。矢量化结束后,根据标准地形图图幅四角点位置,将各要素进行54坐标系的配准。该区域中1:1万地形图的图幅数量很多,所以将6°带的1:5万矢量图坐标转换到3°带的坐标系中,使不同比例尺的地形图能够统一在相同的坐标系中。最后将矢量图形以DXF或SHP等格式输出,以备地理信息系统软件的调用。其中等高线、水系等以线矢量输出,遗址以面矢量输出。

七星河与美阳河流域的考古调查工作比较细致。调查人员详细观察现存的断崖、土坎和壕沟,并参考以前的考古工作记录,推断出每个遗址的大致范围、年代和主要遗存,收集了比较全面的考古信息(徐良高等,2005),为GIS支持的人地关系研究提供了很好的素材。各时期的聚落数目与规模见表6.4所示。

表6.4 七星河、美阳河流域研究区域内各时期聚落的数目与等级

年代	总数	小型聚落	中型聚落	大型聚落	超大型聚落
仰韶时期	33	16	10	4	3
龙山时期	22	8	6	4	4
夏至早商	2	2	0	0	0
晚商	14	3	7	2	2
西周	29	15	10	1	3

6.4.2 聚落分布的空间分析

在GIS软件中,依次将卫星影像、不规则三角网、等高线、水系、不同时期的聚落等要素分别加入到GIS项目之中,建立七星河与美阳河流域的聚落分布地理信息系统。通过简单的空间叠置,不难发现在时间分布上,仰韶文化以前的聚落极为少见,仰韶文化中晚期靠近河道的地带出现了一些中小型的聚落。至龙山文化时期,聚落数量没有较大的变化,但规模却大为增加,显示出人口繁盛的景象。夏至商初,遗址数量又迅速减少,仅有极少数规模很小的聚落(图6.26)。到商中后期,首先是商文化因素出现于这一带,随后,先周文化遗址又逐渐增多,并渐趋繁荣,可能说明周人开始从西部进驻

这个区域。至西周时期，这一流域的人口和文化进一步繁盛，聚落分布密集，形成了周原遗址这样的超大型聚落和周围一系列的中小型聚落（图6.27）。

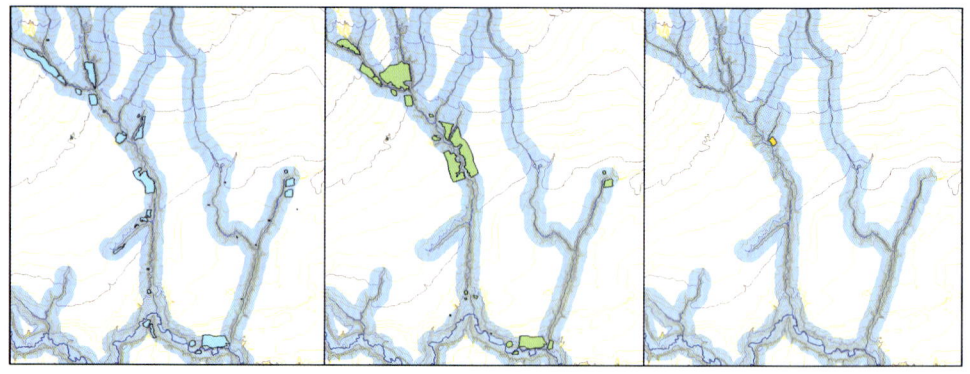

a.仰韶时期聚落分布　　b.龙山时期聚落分布　　c.夏至早商聚落分布

图6.26　河流缓冲区与仰韶、龙山、夏至早商的聚落分布图

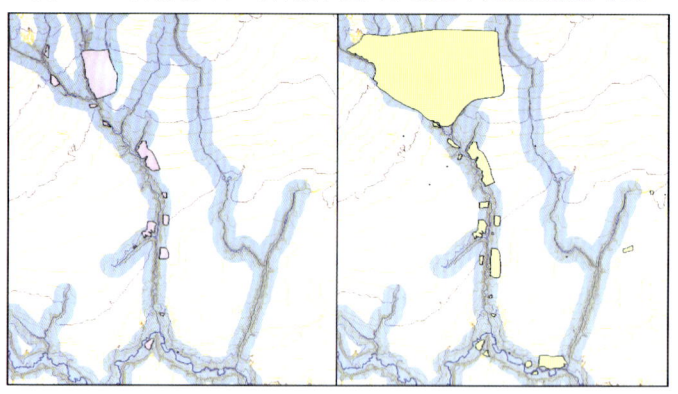

a.中、晚商时期聚落分布　　b.西周时期聚落分布

图6.27　河流缓冲区与中晚商、西周时期的聚落分布图

在本区域的缓冲区研究中，通过改变河流缓冲区的大小，分析聚落的分布与河流的关系。当缓冲区设为500米时，有很多聚落的边缘在缓冲区之外；而当设为700米时，则明显超出聚落的分布区域，因此，本节最终将缓冲区也设为600米。信息系统显示结果表明，各个时期的聚落基本都在河流两岸600米的缓冲区之内。其中，支流交汇处台地上的聚落往往更为密集，例外的情况极为罕见（图6.26、图6.27）。显然，河流对当时人们的生存有着重要的影响，而且古代居民汲取生活用水时所能承受的最大距离大约是600米，超出600米之后宁愿重新选择他们认为合适的居住地点。

6.4.3 周原遗址的位置分析

利用缓冲区分析，还可以推测西周时期周原遗址发展成为特大型聚落的原因。周原遗址既没有出现在岐山脚下，也没有出现在七星河与汭河的交汇处，必然与局部地区的地形、水文等方面因素有关。如上所述，在建立了600米的缓冲区之后，就可以发现各个时期的遗址基本上都是在这样的缓冲区内，只是早期遗址更加靠近河流。周原遗址所在的区域内现在还有很多支流汇聚在一起。如果运用GIS软件的水文分析功能提取地表水流方向，在周原遗址内还可以得到另外的三条小的支流（图6.28中青色线条）。这些支流的600米缓冲区基本上相互连接，形成一个很大的扇形区域。周原遗址从先周时期（中、晚商时期）开始逐渐扩展，到西周时期遗址达到最大规模，其范围没有超出这个扇形区域，遗址的形状更是与扇形区域的外形大致吻合（图6.28）。周原遗址的环境特征充分体现了聚落的发展与周围的地形、地貌以及水系的密切关系，其中与水系的关系最为密切。

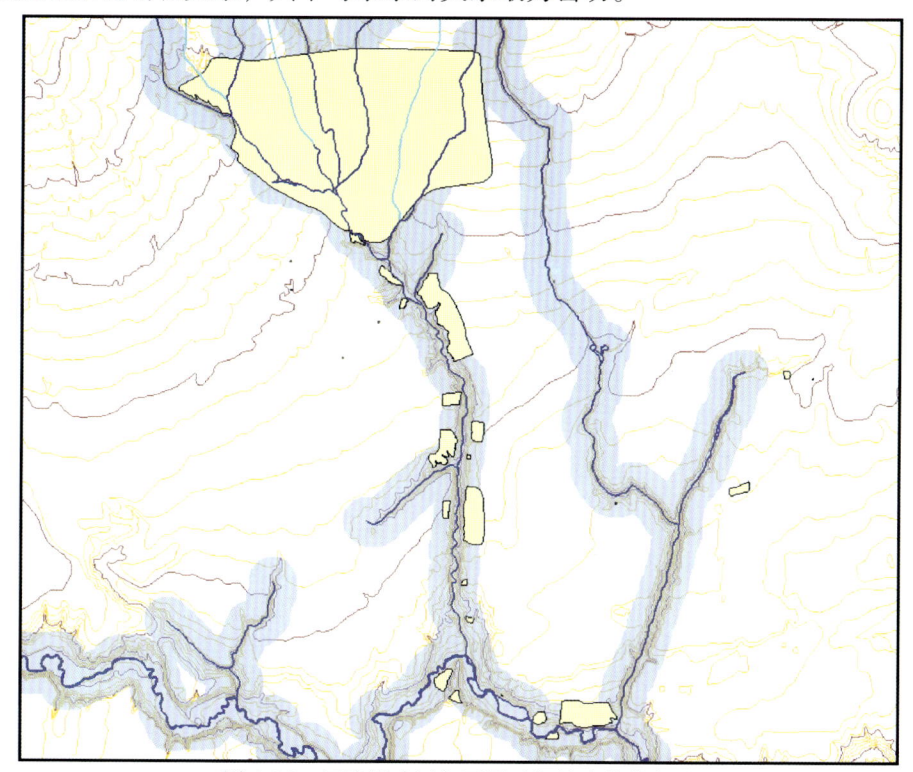

图 6.28　河流缓冲区与西周时期的聚落分布图

周原遗址内众多河道的布局特征应该具有代表性的意义，至少反映了早期都城遗址的发展、演变与自然环境有着不可分割的联系。人们会选择河网密布、水源充沛的地方建立都城。这可能是半干旱性气候区中产生超大规模聚落的必要条件，对研究和寻找西周时期其他尚未发现的都城遗址应该具有重要意义。

6.4.4　七星河流域与美阳河流域聚落分布的比较研究

从七星河、美阳河流域中各个时期的聚落分布图中可以清楚地看出各时期中七星河沿线的聚落特别多，而最近处相隔仅4公里左右的美阳河沿线的聚落数量却特别稀少，而且仅仅出现了少数小型聚落。两条河流相隔如此之近，土壤、植被、气候和降水等环境因素应该没有差别，而聚落的分布情况却极为悬殊，所以引起了很多学者的关注。

为了探究产生七星河与美阳河沿线聚落数目悬殊的原因，研究中运用GIS软件的水文分析功能，生成研究区域内的河流与集水盆地，得到简洁明朗的河流与集水盆地关系图（图6.29 a）。

从集水盆地图中（图6.29 a）可以看出，岐山内部美阳河上游有较大的集水盆地，达到40平方公里，而七星河东部支流在岐山境内的集水盆地只有

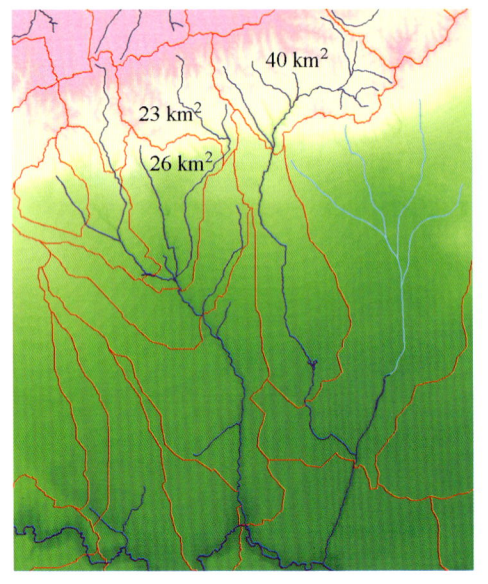

a.研究区域内局部流域的划分　　　　　　b.研究区域内的数字地面模型

图6.29　研究区域内局部流域的划分与数字地面模型

23 平方公里。所以美阳河流域并非缺少足够的水源,导致美阳河沿线聚落稀少的原因不会是水流量较少。

仔细分析研究区域内等高线分布和数字地面模型(图 6.29 b),可以发现七星河出岐山之后是沿着低洼的地势流向汧河的,而美阳河的情况则恰恰相反。美阳河的上游部分正好位于七星河河谷与美阳河东部凹谷间的高地之上。这种高地应该是美阳河的冲积扇。美阳河的汇水面积较大,雨量较大的情况下上游水流会夹带较多的泥沙从岐山流出,尔后在地势平坦的地方因水流速度减弱而产生堆积,形成冲积扇。泥沙的堆积还会堵塞河道,导致河流经常改道,古人也就无法沿美阳河居住。而七星河出岐山后沿低洼地带前行,一般不会形成冲积扇,河道下切很深,河流非常稳定,适合于早期人类居住。

从美阳河的数字地面模型(图 6.29 b)和聚落分布区域内三维模型中可以看出美阳河中部有一段河道特别浅(图 6.30 中红色箭头所指处),与七星河宽阔而较深的河道形成鲜明的对比,表明这一段河道的形成时间可能比较晚。早期美阳河上游的水流应该是出岐山后流向东部凹谷,或者进入七星河东部的支流。美阳河下游河道的年代应该比较早,仰韶时期已出现少量的小型聚落。

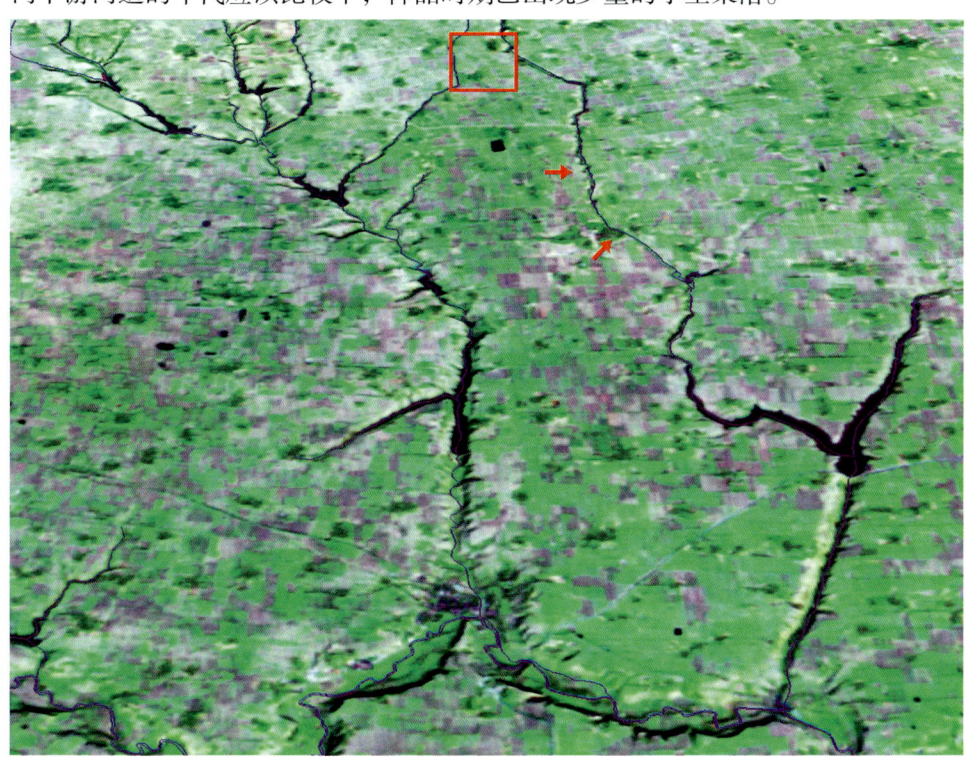

图 6.30　研究区域内的三维模型

图 6.31　七星河支流与美阳河之间的古河道

通过对研究区域内多种遥感影像的进一步分析，发现美阳河上游与七星河东部支流之间（图 6.30 中红色框内）存在古河道的迹象（图 6.31 中红色箭头指示）。实地调查中发现这一地域地表比较平坦，被现代农田覆盖，没有古河道的迹象。但是从美阳河的河岸上还是发现存在古河道断面，而且古河道的淤土中包含有大量秦汉时期的陶片（图 6.32 中红色箭头指示）。由此可见，秦以前的美阳河上游只是七星河的东部支流，出自岐山的大量水流都进入了七星河河道，美阳河下游水量比较少。所以美阳河沿线分布的聚落极其稀少，只是在其下游零星分布着几个小型聚落。

图 6.32　美阳河河岸上的古河道断面

6.4.5 小　　结

　　古代居民逐水而居，显然是为了方便取水。在西周之前的七星河与美阳河流域，即使已经出现水井，井水也不是生活用水的主要来源，否则不会出现所有聚落都尽量沿河分布的局面。各个时期的人们主要是沿七星河居住，而且特别青睐七星河与支流汇合处。这应该是为了增加水源而作出的选择，同时更看重的是七星河的稳定与可靠。

　　七星河与美阳河流域背靠岐山，其他三面的地势都较为平坦，也是一个非常开阔的区域。虽然这里在西周时期出现了超大型的周原聚落，但作为都城的时间却并不久远，周人很快就往东迁都于沣河岸边。其原因应该是周原附近的集水盆地非常小，只有100平方公里左右，较少的人口还能够在这里生存，但是不能满足都城的用水需要。而沣河发源于秦岭山中，集水盆地的面积很大，水源充沛，树木茂盛，水流清澈，而且沣河河道稳定，是最为理想的建都场所（图6.33）。建都250余年后的西周末年，幽王因"烽火戏诸

图 6.33　沣河上游的集水区域

侯"得罪众诸侯，及至西戎、犬戎与申侯伐周，幽王不能及时召集诸侯应战，逃难中被杀于骊山之下。周平王即位后，不愿继续留在毁于战火的都城之中，决议迁都至洛阳，西周结束。所以周人放弃沣河流域并非环境恶化与气候演变的原因，沣河流域永远是理想的建都场所，以致后来的秦、汉等时期都在不远处修建了都城。

6.5 考古学文化演变的原因分析

人类社会存在于自然环境之中，不断受到自然环境的约束和影响。在文明形成之初，生产力水平极其低下，自然环境的变化会直接影响到人类社会生产与生活的巨大变化，导致种族的迁徙与文明的兴衰，推动着人类社会不断地向前发展。

自然环境是指环绕着人群的空间中可以直接、间接影响到人类生活、生产的一切自然形成的物质、能量的总体。构成自然环境的物质种类很多，主要有空气、水、植物、动物、土壤、岩石、矿物、太阳辐射等，是人类赖以生存的物质基础（关伯仁，2000）。自然环境中某些因素的变化，会引起其他多种因素一同变化，影响到人类社会的生存和发展，表现为地域性考古学文化的演变与更替。

与人类生存密切相关的诸多因素中，气候的变化对人类社会的影响更为深远。一些学者根据考古研究结果和文献记载，认为全新世以来气候的每次波动，都会引起文化的分化与重新组合。他们认为全新世大暖期中，出现了一些裴李岗文化聚落，在全新世高温期的鼎盛阶段，完成了裴李岗文化向仰韶文化的过渡，创造了灿烂辉煌的彩陶文化；5000年前的气温波动，龙山文化替代了仰韶文化，人类社会得到了空前的发展；龙山时代后期，由九星会聚导致的自然灾害群发期内200年左右的持续严寒、大地震和频频发生的水灾，导致龙山文化的终结；随后的气候干凉，二里头文化隆重登场，国家开始出现，华夏文明在中原地区诞生；夏末九星会聚引发的大地震和干旱，促成了商伐夏的成功。距今3500年的气温上升促进了商王朝的发展；商末周初低温干旱，导致了周人东进灭商大业的实现，西周王朝建立；西周末年的连年大旱，犬戎东进，周人东迁易都。这些学者认为所谓"伊洛竭而夏亡"、"河竭而商亡"、"三川竭，周亡"，说明气候的演变直接导致文明的盛衰与国家的兴亡。

上述对于全新世以来气温的变化，主要是根据一些典型遗址中出现的关键动植物标本来推测的。这样的推测方式可能会忽略文明诞生之初，人们远距离运输物质和资源的情况，导致推测的结果可能会存在一些问题，应该需要增加更多的因素来进行分析。比如，在安阳殷墟等遗址的发掘中出土了很多海贝等标本，显然不会是在当地采集的，绝对不能根据这些海贝来判断晚商时期的安阳地区紧邻大海。

文化更替与气候演变可能会有一定的关系，但更主要的可能还是有战争和政治等多种原因。"伊洛竭而夏亡"，夏、商同时存在，"伊洛竭"却导致夏亡商兴的结果。因此"伊洛竭"与"河竭"应该只是变化的外因，外因通过内因发生才能作用，很有可能是气候变化的外因导致固有的政治腐败、社会矛盾深化等内因加剧，内因才是事物变化的根本，最终分别导致夏、商等王朝的灭亡。同时，尚无证据表明九星会聚导致全球性的灾难。

然而，作为万物之灵的人类并不是完全被动地生活于自然环境之中。人类具有发达的大脑和灵巧的双手。在与自然环境的相处过程中，人类社会的生产力水平不断提高，适应能力不断增强，对自然环境的认识程度与改造能力逐渐增加。本章涉及的四个研究区域中，仰韶时期开始人们便认识了河流的基本特性，选择适合生存的河道附近地域定居，并且很有可能对河道进行改造，修筑堤坝。龙山后期大禹治水的时候，人们已经基本掌握洪水的规律，总结出以疏导为主要手段的治水方法，并且获得了巨大的成功，为夏王朝的建立奠定了坚实的基础。

本章探讨的四个研究区域中，从全新世初期的裴李岗文化时期便开始有少量的人口居住，到仰韶文化时期达到较大的人口规模。仰韶文化向龙山文化的过渡都应该有一个比较平稳的进化过程，表现为文化序列上具有一定的连贯性，可能是由于生产力的发展而引起的温和变革。从龙山文化向夏、商文化的过渡却具有不同的情况。洛阳盆地与洹河流域的发展一直是比较稳定的，但是七星河与美阳河流域的龙山文化突然中断，夏至早商时期几乎无人居住。临汾盆地的龙山文化发展到了夏文化时期，并且是夏文化的中心地带，但此后也是销声匿迹，商、周时期人烟稀少。随后洛阳盆地在早商之后可能是由于政治中心的东移，中晚商时期人口急剧减少。七星河与美阳河流域中由于周人的迁入得到稳步发展，晚商时期达到与殷商王朝抗衡的程度。周灭商之后，各地文化都得到了发展，四个研究区域中尚未发现局部地区聚落减少的情况。

从各文化延续的时间上看，仰韶文化的发展距今 6000～5000 年，延续 1000 余年，有的地域可能有近 2000 年的时间，时间跨度非常巨大，期间聚落的兴衰情况现在尚无准确的资料。随后的龙山文化距今4600~4000年，二里头文化距今4100~3700年，商文化距今3700~3100年，周王朝延续800余年。如此之大的时间跨度，应该说很难有效地研究地域性文化发展与聚落演变规律。研究人地关系可能更需要百年时间段甚至更短时间间隔的聚落分布与环境演变信息，才能比较好地把握一个区域中人口的演变情况。为了更好地研究特定区域中的人地关系，可能需要提高对考古资料的要求，对大的文化类型进行较为细致的分期，研究各个分期中聚落分布的特征。

从地域环境上看，临汾盆地的聚落基本上都是靠近小型河流，特别是塔儿山周围的地势相对汾河河床来说较高，生存环境非常脆弱。人们在干旱之年很难获得足够的水源，为了生存也许只能选择迁往他处。七星河与美阳河流域的环境也比较类似，水源比较匮乏，只能依靠发源于岐山中的较小的集水盆地。洛阳盆地中有较大的洛河与伊河，靠近这两条河流的聚落应该能够适应一般的气候变化。但是沿洛河与伊河的众多小型支流分布的聚落，其生存与发展仍然要依靠风调雨顺的气候。唯有洹河沿线的聚落因其水源比较有保障，在文化类型的演变中能够平稳地过渡。所以，聚落的延续时间和发展规模与局部地区集水盆地的大小有着最为直接的关系。

从政治演变方面来分析，仰韶文化与龙山文化时期国家尚未形成，各地区文化与生产力的发展处于一种比较松散的自然状态，地域之间可能还存在着相互交流与共同促进，气候、地理等自然条件适宜的区域基本上都有人类居住。龙山文化晚期国家开始出现，夏王朝随之诞生。夏的中心地带为豫北、晋南地区，西部边缘达到关中平原，七星河与美阳河流域处于夏王朝的边缘地带。现在尚无证据表明这里的原居民是否被夏王朝迁往其中心地带，或者被驱逐到遥远的西部。商汤灭夏之后，洛阳盆地成为早商时期的政治中心，而临汾盆地的聚落文化却走向衰落。随着商朝将都城迁出洛阳盆地，这一区域的聚落数目和规模急剧减少。晚商时期的盘庚将都城迁到水源充沛、土壤肥沃的洹河流域，此后200余年不再迁都，直至被周所灭。

考古学文化发展与演变的真正原因可能有气候的、水土的或是政治的等多种原因，但现在还缺少足够的考古学材料，尚不能对这个问题作出明确的回答。很多相关考古学的问题都有待于进一步去解决，现在能做的事情应该是尽可能全面地提出问题，积累更多的考古学和其他环境科学方面的相关材料，然后再设法去解决各个问题。

6.6 考古 GIS 研究的展望

　　GIS 技术具有强大的数据存储、集成分析、图形制作与空间研究功能，在考古学研究中具有很高的应用价值，应该也必将贯穿于田野考古调查、发掘与研究的全过程之中。现在 GIS 方面的软件品种很多，国内一些高校和科研院所研制的中文 GIS 软件功能也非常完善，操作简单，很容易被考古研究人员掌握和使用，为考古领域大规模地使用 GIS 技术奠定了坚实的基础。GIS 技术进入考古学研究领域之后，田野调查、发掘的记录、图形、图像、表格等数据都可以通过 GIS 集成在一起，为考古学研究提供精确的制图、分析和模拟等材料，是考古学研究信息化的必由之路。GIS 可以将随处可见的环境、经济和社会等的信息，包括从整个陆地至显微镜下观察到石器边缘等的各种数据，不论它们的比例是否一致都能够集成在一起（Kenneth，1999）。

　　基于 GIS 的空间分析方法具有传统考古学研究无法比拟的优势，为考古学研究提供了一套重要的分析工具。它可以揭示人类社会在不断发展过程中的社会特征以及对自然界的依赖关系，成为研究人地关系的重要工具之一（陈慧琳等，2001）。GIS 的空间分析方法很多，但并非所有的空间分析方法都能适合各种考古项目，只有在合适的考古项目中，慎重地运用 GIS 的一些空间分析方法，才能最大限度地发挥这些工具的潜力。同时，还需要有足够的考古调查与发掘等方面的资料，对空间分析的结果做出科学的推理与解释，使 GIS 的空间分析方法与考古学研究紧密地结合在一起。

　　在区域与都城等考古研究中，GIS 技术能够将地貌、水文、土壤、植被以及聚落分布信息集成在一起进行综合分析，揭示古代的人地关系及其发展、演变规律，解释考古学研究中的很多问题。同时也对考古学调查与研究方法提出新的要求，拓展新的思维模式，推动考古学研究不断地向前发展，丰富和完善考古学的理论与方法。

　　随着现代考古学研究的深入和 GIS 技术的发展，GIS 与 GPS、遥感、虚拟现实、数据库和网络等空间信息技术在考古学研究中的结合和集成运用将更加紧密，是充分应用各种考古信息的重要手段，更是信息时代对考古学研究提出的要求。GPS 等现代测绘技术或遥感成图技术能够精确获取考古遗迹的位置和图形、图像等数据，遥感技术可以对古代遗迹形状、分布等进行勘探和分析，GIS 则是输入、编辑、管理和分析考古图形数据和属性数据的有效工具。同时，考古遗址的 GPS 等测绘数据能够直接输入到 GIS 之中，各种遥感影像数据经过配准后也能够调入 GIS 中，作为 GIS 的基本数据，并且可以在 GIS 中对考古遗址中获取的各种数据进行综合分析和集成研究，也能够使用虚拟考古技术对不同的考古现象进行虚拟。然后建立不同规模的考古数据库，并通过网络技术将各个考古数据库连接成一个有机的整体。网络传输方面，下一代的虚拟现实造型语言（VRML）将更加直观地表现所有的信息，VRML 能够向人们展示交互、三维、动态、逼真的考古世界，客户端的计算机根据自身的计算及图形资源就能对网络上的图形进行渲染、描述和显示三维的考古资源。

地理信息系统在不久的将来应该如同现在的地层学和类型学一样，成为贯穿考古学调查、发掘和研究的基本内容。

第七章 常用 GIS 软件简介

7.1 SuperMap GIS 软件简介

7.1.1 SuperMap GIS 软件概述

SuperMap GIS 5 桌面产品是基于 SuperMap GIS 核心技术研制的一体化 GIS 桌面软件，是 SuperMap GIS 5 系列产品中的重要组成部分，包括 SuperMap Deskpro 5（专业桌面 GIS 软件）、SuperMap Express 5（大众桌面 GIS 软件）、SuperMap Viewer 5（GIS 数据浏览器）三个产品，是国内自主开发的优秀中文 GIS 软件，特别适合于非 GIS 专业人员的操作使用，便于建立中文属性库。

SuperMap Deskpro 5 是一款专业桌面 GIS 软件，包含 SuperMap GIS 5 桌面产品的所有功能模块，提供地图编辑、属性数据管理、分析与辅助决策相关事务以及输出地图、打印报表、三维建模等方面的功能。SuperMap Deskpro 作为一个全面分析管理的工具，应用于土地管理、林业、电力、电信、交通、城市管网、资源管理、环境分析、旅游、水利、航空和军事等所有需要地图处理行业。

SuperMap Express 5 是 SuperMap Deskpro 5 的精简版本，是一款大众桌面 GIS 软件，主要面向采集、编辑处理和管理地图数据的用户。它秉承 SuperMap GIS 优良的技术特性，具有 SuperMap Deskpro 的数据管理、地图浏览、数据编辑和地图配准等核心功能，完全可以满足不同领域、不同行业信息化的需求，也是 GIS 普及教育的最佳选择。

SuperMap Viewer 5 是 SuperMap GIS 5 新推出的一个数据浏览工具，主要面向管理、浏览数据的用户，SuperMap GIS 5 系列产品制作生成的地图数据都可以在 SuperMap Viewer 5 浏览与打印。它主要包括桌面集成环境（Integrated Desktop Environment，简称 IDE）和地图模块两部分功能。

SuperMap GIS 5 桌面产品可以很轻松地对空间数据进行浏览、编辑、查询、输出等操作，还能完成空间分析、三维建模、连接大型空间数据库等高级 GIS 任务。

SuperMap GIS 5 系列桌面产品采用一致的桌面集成环境，保持一致的界面风格和操作方式。不同产品功能模块之间的关系如表 7.1 所示。

表 7.1　各桌面产品与功能模块的关系

具体模块	描述	Viewer	Express	Deskpro
桌面集成环境	最基础的工作空间、数据源、数据集、地图、资源的管理和工作空间管理以及数据集的高级操作	√	√	√
地图模块	地图浏览、地图操作、SQL 查询与空间查询等功能	√	√	√
标准图幅模块	制作标准比例尺下的图幅图框	√	√	√
编辑模块	创建对象、编辑对象的全部功能	×	√	√
属性模块	提供数据集属性的全部编辑功能	×	√	√
配准模块	栅格、矢量数据集的配准	×	√	√
布局模块	提供地图制作与打印的全部功能	×	×	√
三维模块	三维可视化与分析,有效地显示和分析表面数据	×	×	√
栅格分析模块	创建基于栅格的数据,并对其分析、绘图、再分类等操作	×	×	√
络网分析模块	连通性分析、最佳路径分析、资源分配、服务区分析、动态分析等	×	×	√

7.1.2　SuperMap GIS 5 应用环境

SuperMap GIS 5 桌面产品具有相似的启动环境（图7.1），它的每个区域都有其特定的用途。

7.1.2.1　菜单

在没有打开任何文件的情况下,菜单栏只有文件、编辑、视图、数据集、分析、查询、工具、窗口、帮助等菜单。菜单栏的内容会根据打开窗口类型（如地图窗口、属性窗口、布局窗口和三维窗口）的不同,作出相应的变化。

7.1.2.2　工具栏

系统启动时,应用环境中有四个工具栏：标准工具栏、工作空间管理操作工具栏、地图操作工具栏以及图层设置工具栏。工具栏中的按钮都是对特定窗口的常用操作,可以方便用户使用。标准工具栏包括绝大多数标准操作,

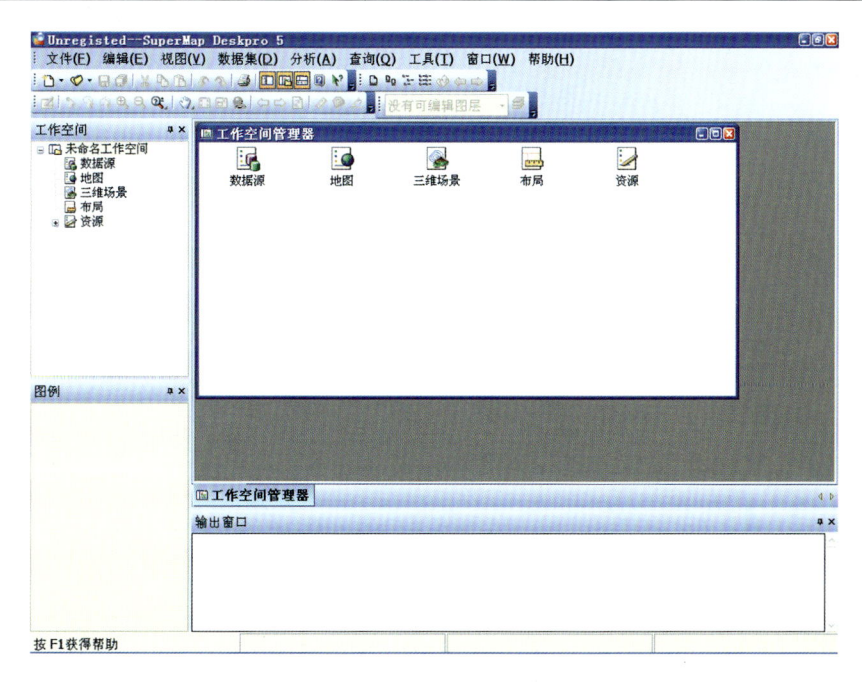

图 7.1　SuperMap GIS 5 桌面产品启动环境

如打开和保存文件、剪切、复制、粘贴、打印以及其他与系统相关的命令。

工作空间管理操作工具栏包括对工作空间管理窗口中各种信息的显示方式（大图标、小图标、列表、详细信息等），以及对窗口中各种资源的基本操作（向上到前一级目录、后退到前一操作、前进到回退之前的操作等）。

地图操作工具栏包括了对地图窗口的绝大多数的基本操作，如查看对象属性、选择、放大、缩小、自由缩放、漫游、全幅显示、全屏显示、前一视图、下一视图、刷新、量算距离、量算面积、量算角度等。

图层设置工具栏包括一个编辑图层显示框以及一个图层控制按钮。编辑图层框显示当前可编辑图层，从其下拉菜单中可以选择当前可编辑图层，图层控制按钮实现对当前地图窗口中各图层的控制。

系统中还有许多其他工具栏，可以根据用户需要，随意打开、隐藏工具栏。打开/隐藏工具栏的方法有两种：一种是在工具栏上单击鼠标右键，弹出快捷菜单，选择打开或关闭各种工具栏；另一种方法是选择菜单"视图→工具栏"，从子菜单中选择需要的工具栏。工具栏既可以随意移动，也可以固定在某处。

7.1.2.3 工作空间管理器

工作空间管理器位于应用环境的左上侧，具有管理数据源、数据集、地图、三维场景、布局以及资源等功能，是用户管理工作空间的辅助工具。可以对工作空间进行打开、关闭、保存和另存等快捷操作，还可以查看工作空间的属性。包括数据源、地图、三维场景、布局和资源五个组成部分（图7.2）。

数据源集合：用来管理显示工作空间的数据源、数据集。通过快捷菜单可以对数据源、数据集进行新建、打开、关闭和重新排序等操作，针对具体的数据源（数据集）还可以查看属性信息。

地图集合：用来保存、显示图层叠加后生成的地图。

三维场景：用来保存、显示三维模型数据。

布局集合：用于地图打印之前版面的调整。布局窗口可以新建、打开、关闭、保存、打印制作地图。

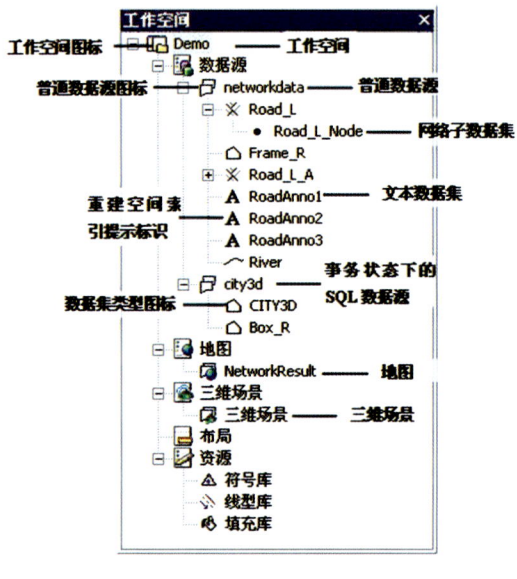

图7.2 工作空间窗口

资源：用于编辑显示当前工作空间中的符号库、线型库及填充库。

在工作空间管理器中，通过快捷菜单可以对当前工作空间下的各种资源进行一些基本的操作，例如复制、删除数据集，新建数据源、地图窗口、三维窗口、布局窗口，以及编辑符号库、线型库、填充库等。

7.1.2.4 工作空间管理窗口

工作空间管理窗口是在地图窗口中以图标形式显示并管理当前工作空间中的内容，包括数据源、地图、三维场景、布局、资源等。双击每一个对象都可以打开该对象，显示其子对象，例如双击数据源图标可以在窗口中显示当前工作空间下的所有数据源，再双击其中某个数据源可以在窗口中显示该数据源下的所有数据集。

在工作空间管理窗口中，可以像操作资源管理器中的文件夹一样，操作当前工作空间下的各种资源。例如删除数据源、数据集、地图，也可以将一个数据源下的一个或几个数据集拷贝到别的数据源下等。

使用工作空间管理操作工具栏中的按钮（大图标、小图标、列表、详细信息、向上一级、前进、后退等），可以对工作空间管理窗口中的内容进行基本管理和操作。

通过选择菜单"视图→工作空间管理窗口"，可以显示/关闭工作空间管理窗口。

7.1.2.5 图例管理器

图例管理器位于应用环境的左下侧，是对当前地图窗口不同图层关系及其不同风格的辅助管理工具。它是一个活动窗体，可以拖动到应用环境的任意位置。在这里，可以对不同图层进行风格设置、浏览属性、设置关联属性表、创建专题图、图层控制等可视化操作，提供了快捷方便的操作途径。图例管理器中管理的内容与当前激活地图窗口的内容是一一相对应的，当前地图窗口内容一改变，图例管理器立即随之改变（图7.3）。

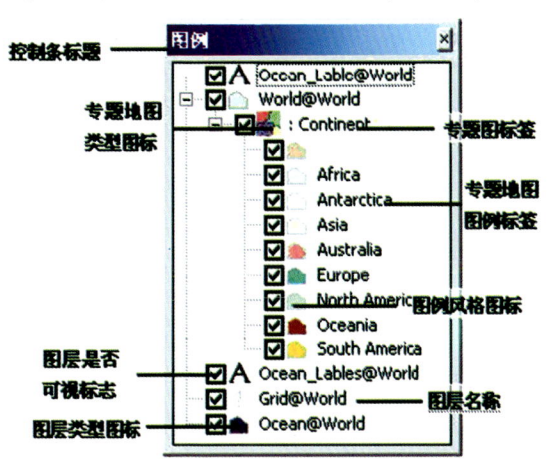

图 7.3 图例窗口

启动系统时，图例管理器就位于屏幕左下方。选择菜单"视图→工具栏→图例管理器"，就可以显示\隐藏图例管理器。

7.1.2.6 输出窗口

输出窗口一般位于状态栏上面，可以自由拖动到屏幕中任意地方，主要显示不同功能的操作提示和结果提示及输出。启动系统后，输出窗口默认打开，可以通过点击标准工具栏的输出窗口或选择菜单"视图→输出窗口"，隐藏/显示输出窗口。

7.1.2.7 状态栏

状态栏位于应用环境的底部，它是反映当前系统运行状态的区域。在没有打开任何数据的情况下，状态栏中只有第一个信息框显示有关菜单和工具栏按钮的说明性信息，其他三个信息框均无信息。

当地图窗口打开一个数据集后，状态栏的四个信息框分别显示不同的信息。第一个信息框仍显示有关菜单和工具栏按钮的说明性消息，第二个信息框显示当前光标所在地图窗口所处位置的坐标，第三个信息框显示当前地图窗口的投影信息和经纬度坐标，最后一个信息框显示当前地图窗口的地图比例尺。通过选择菜单"视图→状态栏"，可以显示/隐藏状态栏。

7.1.3 SuperMap GIS 5 基本概念

每一个软件系统都有自己的概念和模型体系。SuperMap GIS 5 桌面产品用如下基本概念抽象表达、组织和存储客观现实世界的信息。

7.1.3.1 工作空间

工作空间用于保存用户的工作环境，包括当前打开的数据源（位置、别名和打开方式）、地图、布局、符号库、线型库、填充库等内容。

7.1.3.2 数据源

由各种类型的数据集，如点、线、面类型数据，TIN、Grid、Network，以及它们组成的复合数据集组成的一个文件称为数据源。一个数据源可包含一个或多个各种类型的数据集，同时存储矢量数据集和栅格数据集。

7.1.3.3 数据集

由同种类型数据组成的数据集合。在 SuperMap GIS 5 桌面产品中有十六种类型的数据集，如点数据集，线数据集，面数据集，TIN 数据集，GRID 数据集，NetWork 数据集，文本数据集等。

SuperMap GIS 5 桌面产品有一种类型的数据集，即复合数据集，该数据集可以存储多种类型的对象，组成一种复合数据集。

7.1.3.4 地图

一个或多个数据集显示在一个地图窗口中，成为地图，该窗口称为地图窗口。

7.1.3.5 层或图层

添加到地图中的数据集被赋予了显示属性，如显示风格、专题地图等，称为图层。一个地图由一个或多个图层组成。一般而言，一个图层对应着一个数据集；同一个数据集可以多次添加到不同地图窗口中，此时，多个图层对应着同一个数据集。

7.1.3.6 空间数据

描述地形地物空间位置和空间拓扑关系的数据，如组成一条河流的坐标点数据，与这条河流相连的其他地物等。

7.1.3.7 属性数据

描述地形地物属性信息的数据，如河流的长度、宽度等。

7.1.3.8 空间数据库

用来存放地形地物空间数据的数据库。

7.1.3.9 矢量

通过记录对象的边界来表达空间对象，如一条线由一系列相邻的坐标点表达。

7.1.3.10 栅格

以原子空间填充的方式来表达空间对象，如一个多边形可以用其内部的正多边形原子铺盖充填的方式表达。

7.1.4 SuperMap GIS 5 应用基础

当启动系统后，系统会自动弹出一个快速启动向导，提供多个步骤提示帮助用户创建\打开工作空间、数据源等。下面对各个步骤进行说明。

7.1.4.1 打开工作空间

启动 SuperMap GIS 5 桌面产品后，系统将出现如图 7.4 所示的对话框，在该对话框中可以使用默认的工作空间，或打开已有的工作空间。

图 7.4 快速启动向导——工作空间

使用默认的工作空间：选择此项，则系统默认新建一个工作空间。

打开工作空间：在列表框中列出了最近打开的工作空间，方便用户快速打开。最近打开的工作空间的保存数目可通过菜单"工具→选项"设置。双击"浏览"弹出"打开工作空间"对话框，可以选择打开已有的工作空间。如果选择此项，则该对话框中的"下一步"按钮变为"完成"，选择工作空间后，点击"完成"按钮即结束向导。

启动时显示该向导：如果下次启动系统时不想再显示该向导，则可以取消选中该项。还可以使用菜单"工具→选项"，在弹出的"选项"对话框的其他选项卡中更改该项的选择状态。

7.1.4.2 选择符号库

提供三种选择符号库的选项，国标标准 1∶500 地形图符号库、SuperMap 象形符号库以及自定义的符号库（图 7.5）。

第七章　常用 GIS 软件简介

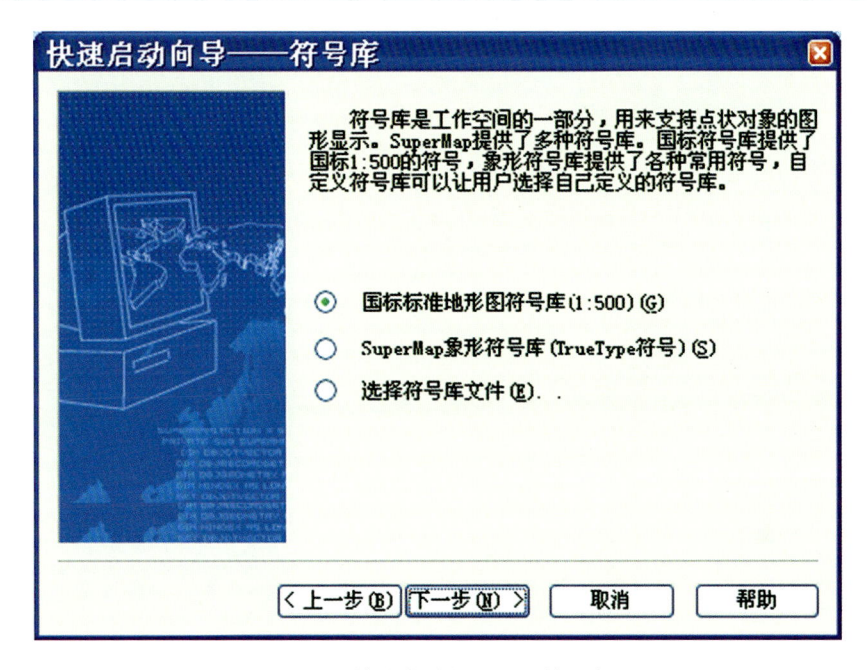

图 7.5　快速启动向导——符号库

国标标准地形图符号库：选择此项，则系统默认将 1∶500 的国标标准地形图符号库加载到系统符号库文件中。

SuperMap 象形符号库：选择此项，则系统默认将象形符号库加载到系统符号库文件中。

选择符号库文件：选择此项，点击"下一步"按钮，弹出"选择符号库文件"对话框，可以将用户定义的符号库文件加载到系统中。

7.1.4.3　新建或打开数据源

在该对话框中可以创建新的数据源，或打开已存在的数据源（图 7.6）。

创建新的数据源：选择此项，点击"下一步"按钮，弹出"新建数据源"对话框，可以在当前工作空间下新建一个数据源。

打开已存在的数据源：在列表框中列出了最近打开的数据源，方便用户快速打开。最近打开的数据源的保存数目可通过菜单"工具→选项"设置。双击"浏览"弹出"打开数据源对话框"，可以选择打开已有的数据源。如果选择此项，则该对话框中的"下一步"按钮变为"完成"，选择工作空间后，点击"完成"按钮即结束向导。

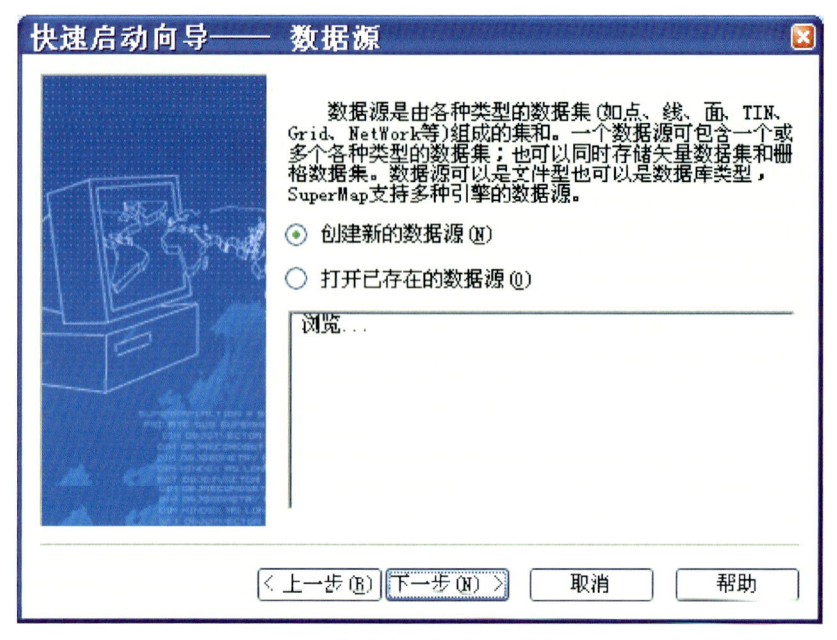

图 7.6　快速启动向导——数据源

7.1.4.4　新建数据集

在该对话框中可以创建新的数据集，也可以从其他格式文件导入数据集（图 7.7）。

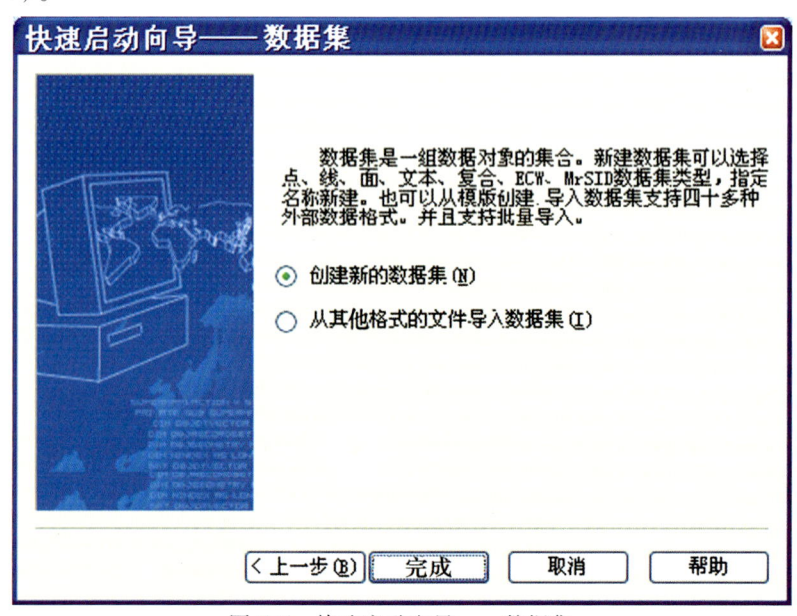

图 7.7　快速启动向导——数据集

创建新的数据集：选择此项，点击"完成"按钮，弹出"新建数据集"对话框，新建数据集后向导自动关闭。

从其他格式的文件导入数据集：选择此项，点击"完成"按钮，弹出"批量导入数据"对话框，导入数据集后向导自动关闭。

数据进入系统后，即可进行各项操作和应用。

7.2 ArcGIS 9 中 ArcView 软件简介

ArcGIS 9 是美国环境系统研究所（Environment System Research Institute，ESRI）开发的新一代 GIS 软件，是世界上应用最广泛的 GIS 软件之一。ArcGIS 是 ESRI 在全面整合了 GIS 与数据库、软件工程、人工智能、网络技术及其他多方面的计算机主流技术之后，成功推出的代表 GIS 最高技术水平的全系列 GIS 产品（汤国安等，2006）。

ArcGIS 9 是一个统一的地理信息系统平台，由数据服务器 ArcSDE 及 4 个基础框架组成：桌面软件 Desktop，服务器 GIS，嵌入式 GIS 和移动 GIS。

DesktopGIS 包含诸如 ArcMap，ArcCatalog，ArcToobox 以及 ArcGlobe 等在内的用户界面组件，其功能可分为三个级别：ArcView，ArcEditor 和 ArcInfo，而 ArcReader 则是一个免费地图浏览器组件。其中 ArcView，ArcEdior，ArcInfo 是三级不同的桌面软件系统，共用通用的结构、通用的编码基数、通用的扩展模块和统一的开发环境，功能由简单到复杂。目前考古研究中一般只是使用其中的 ArcView 系统。

ArcView 包括 ArcMap，ArcCatalog 和 Geoprocessing 等基础模块。具有交互式制图、地图设计和输出、基于地图的查询、直接读取数据、地理处理框架、定制应用程序框架等功能。

ArcMap 是 ArcGIS 桌面系统的核心应用程序，用于显示、查询、编辑和分析地图数据，具有地图制图的所有功能。ArcMap 提供了数据视图（DataView）和版面视图（LayoutView）两种浏览数据的方式，可完成一系列高级 GIS 任务。

ArcCatalog 是一个空间数据资源管理器。它以数据为核心，用于定位、浏览、搜索、组织和管理空间数据。利用 ArcCatalog 还可以创建和管理数据库、定制和应用元数据，从而简化用户组织、管理和维护数据的工作。

Geoprocessing 空间处理框架具有强大的空间数据处理和分析功能。框架主要包括两个部分：ArcToolbox（空间处理工具的集合）和 Model Builder（可视化建模工具）。ArcToolbox 包括了数据管理、数据转换、Coverage 处理、矢量分析、地理编码以及统计分析等多种复杂的空间处理工具。Model Builder 为设计和实现空间处理模型（包括工具、脚本和数据）提供了一个图形化的建模框架。它们均内嵌于 ArcMap 和 ArcToolbox 中。

7.2.1 ArcMap 应用基础

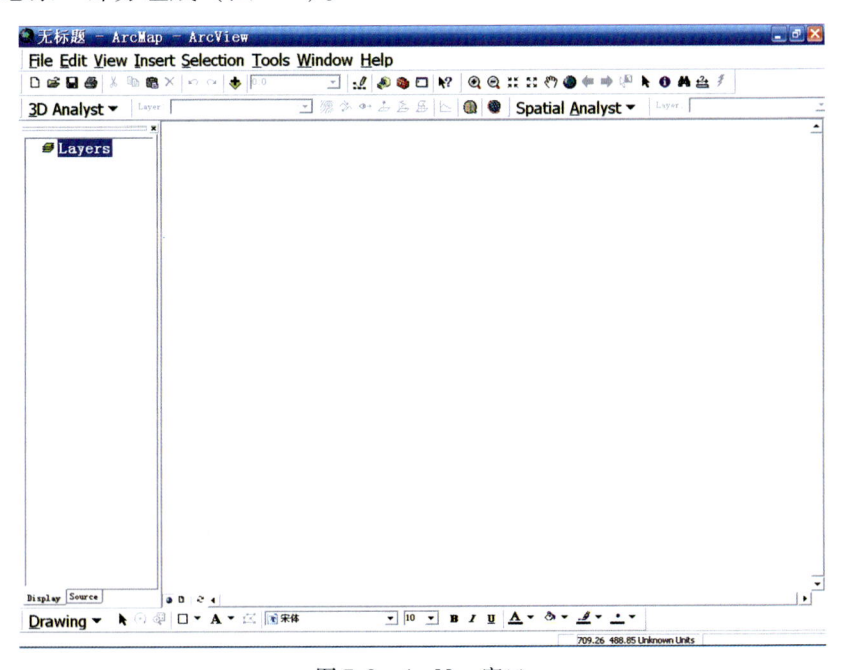

7.2.1.1 ArcMap 窗口组成

ArcMap 窗口主要由主菜单、标准工具栏、内容表、显示窗口、绘图工具和状态条 6 部分组成（图 7.8）。

图 7.8 ArcMap 窗口

（1）主菜单主要包括 File（文件）、Edit（编辑）、View（显示）、Insert（插入）、Select（选择）、Tools（工具）、Windows（窗口）和 Help（帮助）8 个子菜单。

（2）窗口标准工具共有 17 个按钮，前面 10 个按钮为通用的软件功能按钮，后面 7 个依次为加载地图数据、设置显示比例、调用编辑工具、启动 ArcCatalog、启动 ArcToolbox、启动命令行和调用实时帮助等按钮。

（3）窗口内容表用于显示地图所包含的数据组（DataFrames）、数据层（Layers）、地理要素（Features）及其显示状态。可以控制数据组、数据层的显示与否，可以设置地理要素的表示方法。

一个地图文档至少包含一个数据组，当有多个数据组时，只有一个数据组属于当前数据组（Active），只能对当前数据组进行操作。每个数据组由若干数据层组成，每个数据层前面的小方框用于控制数据层在地图中的显示与否。

（4）地图显示窗口用于显示地图包括的所有地理要素。ArcMap 提供数据视图（Data View）和版面视图（Layout View）两种地图显示状态。数据视图中，可以对数据进行查询、检索、编辑和分析等操作，但不包括地图辅助要素；版面视图中，图名、图例、比例尺、指北针等地图辅助要素可加载其中，可借助输出显示工具完成大量在数据视图状态下可以完成的操作。两种视图方式可通过显示窗口左下角的两个按钮随时切换。

（5）在 ArcMap 窗口的不同部位单击右键，会弹出不同的快捷菜单。经常调用的快捷菜单主要有以下 4 种：

在内容表当前数据组上单击右键，或在数据视图中单击右键，可打开数据组操作快捷菜单，用于对数据组及其包含的数据层进行操作。

在内容表中任意数据层上单击右键，可打开数据层操作快捷菜单，用于对数据层及要素属性进行各种操作。

在版面视图中单击右键，可打开地图输出操作快捷菜单，用于设置输出地图的图面内容、图面尺寸和图面整饰等。

将鼠标放在 ArcMap 窗口中的主菜单、工具栏等空白处单击右键，可以打开窗口工具设置快捷菜单。它用于设置主菜单、标准工具、数据显示工具、绘图工具、编辑工具、标注工具以及空间分析工具等在 ArcMap 窗口中的显示与否。

7.2.1.2 创建新地图文档

ArcMap 中，创建新地图文档有以下两种方法。

（1）启动 ArcMap

在 ArcMap 启动对话框中，选择 A new empty map 并单击 OK 按钮，创建一个新的空地图。或者应用已有的地图模板创建新地图：选择 A template 并单击 OK 按钮，在 New 对话框中选择 General 标签中的 LandScapeClassic.mxt，即古典景观地图版式，单击 OK 按钮，出现了预先设计好的地图模板，进入地图编辑环境。

(2) 直接创建

若已经进入了 ArcMap 工作环境，单击 New Map File 按钮直接创建一个空白新地图。若希望应用已有地图模板创建新地图，单击 File 菜单下的 New 命令，在 New 对话框里确定当前创建的文件类型为 Document；进入 General 选项卡，选择古典景观地图版式 LandScapeClassic.mxt；单击 OK 按钮，进入地图编辑环境。

7.2.1.3 加载数据层

创建了新地图文档之后，需给该文档加载数据。在 ArcMap 中，用户可以根据需要来加载不同的数据层。数据层类型主要有 ArcGIS 的矢量数据 Coverage、TIN、栅格数据 Grid，Arcview 3.x 的 shapefile，AutoCAD 的矢量数据 DWG，ERDAS 的栅格数据 ImageFile，USGS 的栅格数据 DEM 等。

加载数据层主要有两种方法：一是直接在新地图文档上加载数据层，通过单击 File 下 Add Data 命令打开 Add Data 对话框，选择要加载的数据文件，再单击 Add 按钮即可。二是用 ArcCatalog 加载数据层，启动 ArcCatalog，浏览要加载的数据层，点击需加载的数据层，拖放到 ArcMap 窗口中，完成数据层的加载。

7.2.1.4 数据层基本操作

(1) 数据层更名

ArcMap 内容表中，数据组所包含的每个图层以及图层所包含的一系列地理要素，都有相应的描述字符与之对应。默认情况下，添加进地图的图层以其数据源的名字命名，而地理要素的描述就是要素类型字段取值。由于这些命名影响到用户对数据的理解和地图输出时的图例，用户可以根据自己的需要赋予图层和地理要素更易识别的名字。

改变数据层名称，直接在需要更名的数据层上单击左键，选定数据层，再次单击左键，数据层名称进入可编辑状态，输入新名称。地理要素的更名方法也一样。

(2) 改变数据层顺序

数据层在内容表中的排序决定了数据层中地理要素显示的上下叠加关系，直接影响输出地图中的效果表达。因此，图层的排列顺序需要遵循以下四条准则：按照点、线、面要素类型依次由上至下排列，按照要素重要程度的高低依次由上至下排列，按照要素线划的粗细依次由下至上排列，按照要素色彩的浓淡程度依次由下至上排列。

调整数据层顺序，只需将鼠标指针放在需要调整的数据层上，按住左键拖动到新位置，释放左键即可完成。

（3）数据层复制与删除

在一幅 ArcMap 地图中，同一个数据文件可以被一个数据组的多个数据层引用，也可以被多个数据组引用，通过数据层的复制即可实现。打开地图文档后，假设有两个分别名为 Layer 1 和 Layer 2 数据组，需将 Layer 2 中的 Rivers 数据层拷贝到 Layer 1 数据组中。需在内容表中单击左键，选定 Rivers 数据层，再单击右键打开快捷菜单，单击 Copy 命令。鼠标点中 Layer 1 单击右键，打开快捷菜单，单击 Paste Layers 命令，完成粘贴。

删除图层只需在该图层上单击右键，选择 Remove 命令即可。按住"Shift"或者"Ctrl"键可以选择多个图层进行操作。

（4）数据层坐标定义

ArcMap 中数据层大多是具有地理坐标系统的空间数据，创建新地图并加载数据层时，第一个被加载的数据层的坐标系统被作为该数据组的默认坐标系统，随后被加载的数据层，无论其原有的坐标系如何，只要满足坐标转换的要求，都将被自动转换为该数据组的坐标系统，但不会影响数据层所对应的数据本身。若没有提供坐标信息，ArcMap 按默认办法处理：先判断数据层的 X 坐标是否在 -180 到 180 之间，Y 坐标是否在 -90 到 90 之间，若判断为真，则按照大地坐标来处理；若判断不为真，就认为是简单的平面坐标系统。

若不知道所加载数据层的坐标系统，可以通过数据组属性或者数据层属性进行查阅，并根据需要进一步修改。查阅或变换数据组坐标时，可以在打开地图文档后，单击 View 菜单中 Date Frame Properties 命令，打开 Date Frame Propertics 对话框。进入 Coordinate System 选项卡。然后在工具选项卡上选项查询或修改该地图数据组的坐标信息。

（5）数据层的分组

当需要把多个图层作为一个图层来处理时，可将多个图层形成一个组图层（Group Layer）。组图层在地图文档中的性质类似于一个独立的数据层，它所包含的图层之间没有相互冲突的属性。

对于组图层的主要操作有：建立组图层、添加图层到组图层、调整组图层顺序、在组图层中显示某一图层属性、在组图层中删除某一图层等等。

（6）数据层比例尺设置

通常情况下，不论地图显示的比例尺多大，只要在 ArcMap 内容表中勾选数据层，该数据层就始终处于显示状态。如果地图比例尺非常小，就会因为地图内容过多而无法清楚表达。若照顾小比例尺地图，当放大比例尺的时候可能出现图画内容太少或者要素线画不够精细的缺点。为此，ArcMap 提供了设置地图显示比例尺范围的功能。任何一个数据层，都能根据其本身内容特点来设置它的最小显示比例尺和最大比例尺。若地图显示比例尺小于数据层的最小显示比例尺或者大于数据层的最大显示比例尺，数据层就不显示在地图窗口中。

7.2.1.5 数据层的保存

ArcMap 地图文档记录和保存的并不是数据层所对应的源数据，而是各数据层对应的源数据路径信息。如果磁盘中地图所对应的数据文件路径被改变，系统会提示用户指定该数据的新路径，或者忽略读取该数据层，地图中将不再显示该数据层的信息。

为此，ArcMap 提供了保存数据层完整路径和相对路径两种方式，同时还可以编辑地图文档中数据层所对应的源数据。保存路径的设置如下：

（1）在 ArcMap 窗口中，单击 File 菜单下 Map Properties 命令。

（2）在打开的对话框中，点击 Data Source Option 按钮，打开 Data Source Option 对话框。

（3）选择 Store full path names，保存完整路径；若选择 Store relative path names，保存相对路径。单击确定，关闭 Map Properties 对话框。

（4）打开 File 菜单下 Save As 命令，保存文件。

7.2.2 ArcCatalog 应用基础

ArcCatalog 与文件夹、数据库或者 GIS 服务器建立链接之后，就可以通过 ArcCatalog 来浏览其中的内容。ArcCatalog 具有浏览地图和数据，创建元数据，搜索地图数据，管理数据源等功能（图 7.9）。

7.2.2.1 ArcCatalog 基本操作

（1）文件夹链接

首次启动 ArcCatalog，会发现目录树上包含了本机硬盘上的目录。但如果使用的数据不在本机硬盘，或欲访问的地理数据存储在一个子目录中，通过添加文件夹链接，可以设置经常访问的数据链接。

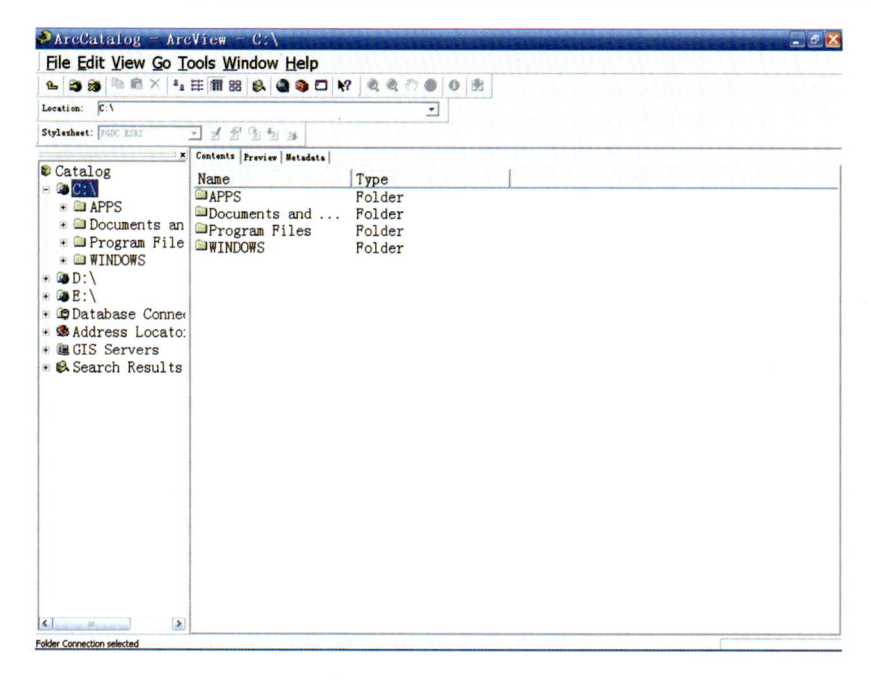

图 7.9　ArcCatalog 窗口

设置文件夹链接时，首先单击 File 菜单下 Connect to Folder 命令，或者在 ArcCatalog 标准工具栏上直接单击 Connect to Folder 按钮，打开 Connect to Folder 对话框。然后选择经常访问的文件夹，单击确定按钮，建立链接。该链接就会出现在 ArcCatalog 目录树中。

若要删除链接，在需删除链接的文件夹上，点击右键打开快捷菜单，选择 Disconnect Folder 命令即可。

（2）文件类型显示和增删

ArcCatalog 是以地理数据为对象的资源管理器，所以首次启动 ArcCatalog 时，会发现很多类型的文件不能在 ArcCatalog 中显示。为了显示其他类型的文件，需要把相应的文件类型添加到 Catalog 的文件类型列表框中。

设置显示或隐藏特定数据类型时，首先单击 Tools 下 Options 命令，打开 Options 对话框。再进入 General 选项卡，勾选想要显示的数据类型，单击确定按钮，完成设置。

根据需要添加或者移除空间数据类型。增加文件类型有两种方式：

增加与空间数据有关的文件类型时，单击 Tools 下 Options 命令，打开 Options 对话框，进入 File Type 选项卡。再单击 New Type 按钮，在 File Type 对话框中填写文件类型的后缀名。单击 Change Icon 按钮，可以为该文件类型指定图标。最后单击 OK 按钮，完成操作。

增加非空间数据文件类型时，可以在 File Type 选项卡中单击 New Type 按钮，File Type 对话框中单击 Import File Type From Registry 按钮，Registered File Type 对话框中选择相应的文件类型。单击 OK 按钮，完成设置。

如果想删除某种文件类型，只需在 File Type 选项卡中选中该类型，单击 Remove 按钮即可。

（3）文件特性项的显示操作

单击 File 下 Options 命令，进入 Contents 选项卡，选择列表框中的选项，可以控制 ArcCatalog 标准栏的详细信息以及元数据内容信息的显示。再单击确定按钮，完成设置。

（4）栅格数据的显示

并非所有栅格数据都是以单一文件形式存储的。有些是以文件夹形式存储的，识别该类数据需要花费大量时间，所以在默认状态下栅格数据是不显示的。如果想要显示栅格数据，可以进行如下操作：

首先单击 Tool 下 Options 命令，打开 Options 对话框，进入 Raster 选项卡，选中 Always prompt for pyramid calculation，总是提示是否为栅格数据创建金字塔；如果希望不再提示，选中 Always prompt for pyramid calculation and don't prompt in the future；如不希望为栅格数据创建金字塔，也不提示，选择第三选项。

然后单击 File Format 按钮，打开 Raster File Formats Properties 对话框。在栅格数据类型列表中选择要显示或隐藏的文件格式。单击确定按钮，完成设置。

7.2.2.2 目录内容浏览

（1）目录内容浏览

Catalog 有三个选项卡：Contents，Preview 和 Metadata，每一个选项卡提供一种唯一的查看 Catalog 目录树中项目内容的方式。

在 Catalog 目录树中选定诸如文件夹、数据库或者要素数据集等项目时，Contents 选项卡能列出项目中所包含的项目，不同于视窗浏览器只能显示目录树中的文件夹，Contents 选项卡能扩展文件夹的项目，且能看到目录树中的所有内容。

Preview 选项卡能以多种视图方式浏览数据，有 Geography，Table，3D View 以及 Globe View 等。其中 Geography 视图方式为缺省方式，对于那些既包含空间数据又包含表格属性数据的项目，可以在 Preview 选项卡中的下拉列表中进行切换。Geography 视图方式下，矢量数据集的每个要素或注记，栅格数据集的每个像元，TIN 数据集的每个三角均被绘图显示。借助标准工具栏上的工具可以对视图进行放大、缩小、移动、查询等操作。Table 视图方式状态下，预览栏显示所选内容项中的属性数据表格。

元数据栏浏览。要确认一个数据源是否满足要求，不仅要知道该数据的基本信息，查看它的图形图像特征，而且还需要知道该数据的精度信息、数据获取方式等。这些信息可以从该数据内容项的元数据中得到。内容项的元数据除包括这些信息外，还包括很多根据数据本身特征而自动生成的信息。在默认状态下，元数据栏以网页的形式提供这些信息，因此可以像在浏览器中浏览网页那样交互式地访问元数据，同时，可以利用元数据工具条中的 Stylesheet 下拉菜单实现不同格式间的切换。

（2）地理数据浏览

在 Preview 选项卡中选择地理视图方式（Geography），就可以在 Catalog 中预览所选择的地理数据。

在地理视图状态，可以使用工具条上的快捷工具（地理数据的缩放、显示区域的移动等）浏览数据，也可以利用查询按钮单击视图中的地理要素、栅格像元或者 TIN 来查看其属性数据。

（3）表格数据浏览

预览 Catalog 目录树中项目的表格数据，选中项目后在 Preview 选项卡的下拉列表中选择 Table 视图方式即可。表格数据浏览操作主要有以下内容：

a 调整、冻结、排列

重排列表的列。激活要移位的列名，单击此列名并按下鼠标左键，将其拖到新位置，松开左键，实现移动。

冻结。激活要冻结的列名，右键选中列名，单击 Freeze/Unfreeze Column，即可冻结该列。

排列。对表中的行进行排序可以使信息查找更加容易。单击要排序的列名，右键打开快捷菜单，单击 Sort Ascending（升序）或者 Sort Descending（降序）命令，完成排序。

b 修改属性

单击 Tools 下 Options 命令，进入 Table 选项卡，在选项卡中可以修改表格中的字体类型、颜色、大小，以及表格中被选中区域的颜色等。

若需利用一个符号来表示数据列是否被索引，选中 Show index fields 复选框，并在其后的窗口键入用于显示的符号，默认使用符号"＊"。如不需显示某一列被索引，只需要去掉 Show index fields 复选项。

c 表格数据统计

在需统计的列名（必须为数值型的列）上单击右键，打开快捷菜单，单击 Statistics 命令查看统计信息，包括总和、最大值、最小值、标准差等，同时绘制数据分布的直方图。

d 查询

单击表格右下方的 Options 按钮，选择 Find 命令，打开 Find 对话框，在对话框中输入要查找的字段之后，选择搜索范围和搜索方向。Match Case 复选框表明需要完全匹配，包括字母的大小写，Search only Selected Field 复选框表明只在选择的范围内搜索。Text 列表框中，Any Part 表示任意含有匹配，Whole field 表示精确匹配，Start of field 表示开头匹配。

e 数据字段的增删

单击表格右下方的 Options 按钮，选择 Add Field 命令。在 Name 文本框中，键入新字段的名称。单击 Type 拉箭头，选择字段的类型。单击 OK 按钮，完成数据列的增加，新列出现在表的最右边。

7.2.2.3 数据搜索

数据搜索即根据一定条件或关键词搜索需要的数据。在 ArcCatalog 中，按照搜索依据可分为下面四种。

（1）按内容项搜索

在 ArcCatalog 标准工具条中，单击 Search 按钮，打开 Search 对话框，进入 Name&location 选项卡。在 Name 文本框中，键入内容项名称或名称的组成部分，或者使用"＊"代表一个或多个字符；按住 Ctrl 键，可同时在类型列表中选择多个希望搜索的内容项类型，单击 Clear 按钮可清除选择。单击 Search 下拉箭头，选择需要搜索的范围。

单击 Look 文本框右面的浏览按钮，打开 Browse for location to start search 对话框，浏览并选择需要从中搜索的文件夹、数据库连接或 Internet 服务器，单击 add 按钮，确定搜索位置。

在 Save As 文本框中，键入搜索结果文件夹名称。单击 Find Now 按钮，开始搜索，搜索结果存储在搜索结果文件夹中，并在目录树中处于被选择状态。一旦搜索到满足条件的内容项，搜索结果列表中就会出现该内容项的快捷方式。

(2) 按地理范围搜索

ArcCatalog 还提供了依据地理位置搜索数据的功能，即可搜索覆盖特定地理位置的数据。在进行地理位置搜索时，可以直接在图上画出搜索范围区域，也可以从下拉列表中选取一个地名。在定义地理搜索准则时，可以从地图下拉列表中选择不同的地图。如果没有合适的覆盖区域，可选择地图下拉列表中的 Others 选项，从而选择自己的地图数据源。

在 Search 对话框中进入 Geography 选项卡。选中 Use geographic location in search 复选框。在图上画一个矩形框，或者在 Choose location 下拉列表中选一个区域地名，也可以在 Specify coordinates of a box 选项组中确定需要搜索区域的坐标。

如果希望仅仅搜索位于选定矩形框内部的数据，选中 Find data entirely within location；如果希望搜索与指定矩形框相接的所有数据，选中 Find data overlapping location。

在 Save As 文本框键入搜索结果文件夹名称，单击 Find Now 开始搜索。

(3) 按时间搜索

在 ArcCatalog 中，可以按照时间进行内容项的搜索。例如内容项数据获取的时间，内容项元数据最后一次更新的时间，内容项发布的时间等。内容项的时间信息是从其元数据中读取的。在搜索时，可以将元数据中的时间与下列时间信息进行比较：一个特定的日期、一个日期范围或一个一般的时间段，以完成搜索。

(4) 利用关键词搜索

在 ArcCatalog 中，可以根据元数据中的特定文字进行内容项的搜索。例如描述元数据的题目或摘要中的文字。在 Search 对话框 Advance 选项卡的元数据成分列表中，列出了在搜索中常用的元数据成分。若要搜索的某元数据成分不在上述列表中，可以在元数据成分文本框中直接键入该成分的路径。元数据成分的路径，就像文件的路径一样，是描述在元数据扩展性标志语言（XML）文件中从根目录到各成分的层次关系。可以利用"Full Text"方式，搜索所有在其元数据中包含该文字的内容项，也可以定义几个关键词准则，使用布尔加法将其组合起来。

7.2.2.4 地图与图层操作

地图文档本质上就是存储在磁盘上的地图，包括地理数据、图名、图例等一系列要素，当完成地图制作、图层要素标注及符号显示设置后，可以将其作为图层文件保存到磁盘中。在一个图层文件中，包括了定义如何在地图上描述地理数据的符号、显示、标注、查询和关系等信息。图层文件可以在多种场合重复使用。

(1) 创建文件

在 ArcCatalog 中创建文件的具体步骤：

首先单击 File 菜单下的 New 命令，选择要创建的文件类型，如 Layer。打开 Create New Layer 对话框，键入图层文件名，浏览并选定需要创建图层文件的地理数据，单击 Add 按钮将其加载进来。

若希望创建该图层文件的缩略图，选中 Create thumbnail 复选框，若希望该图层文件存储相对路径，选中 Store relative path name 复选框。最后单击 OK，完成新图层文件的创建。

(2) 设置文件特性

在 ArcCatalog 中创建一个图层文件时，系统利用随机产生的符号来表示图层中地理要素。如果不满足要求，可以在图层特性对话框中设置或改变包括地图符号在内的各种图层文件的特性。需要注意的是，不同类型的地理数据，其图层特性对话框也是不同的。对于图层组文件，在图层特性对话框中，既可以设置图层组中各图层的公共特性，也可以分别对每个图层的特性进行编辑。设置图层特性的具体操作步骤如下：

在需要设置特性的文件上右键打开快捷菜单，单击 Properties 命令，打开 Layer Properties 对话框，对特性进行设置。

(3) 保存独立的图层文件

一般情况下，在 ArcMap 中制作的图层是作为地图文档的一部分，与地图文档一起保存为 *.mxd。为了便于在其他地图中调用，或者实现其共享，对于一个已经完成符号化设置和注记的图层，可以在地图文档以外以图层文件的形式独立保存为 *.lyr 文件。

7.2.2.5 地理数据输出

为了便于数据共享和交换，可以将地理数据库中的要素数据输出为 Shapefiles 或者 Coverage，将相应的属性表输出为 Info 或者 dbase 格式的数据文件。输出文件时在 ArcCatalog 目录树或者内容栏中，右键点击需要输出的地理要素类，打开要素类操作快捷菜单，鼠标指针指向菜单中的 Export，选择所需的输出命令，键入文件名，单击 OK 按钮即可。

7.2.3　ArcToolbox 应用基础

ArcGIS 9 中 ArcView 提供简单数据导入和转换的核心工具，以及大约 40 种基本分析工具。其他的地理处理工具由 ArcGIS 的扩展模块提供，例如 ArcGIS Spatial Analyst 和 3D Analyst 模块提供了多种类似栅格建模（Raster Modeling）的工具。

ArcToolbox 是所有 ArcGIS 应用界面中的一个可停靠的窗口，用户可以在应用程序中共享工具，能够添加和删除工具箱，也可以定制工具箱来存储常用的工具、模型、脚本等。

工具箱可以创建到 Geodatabase 的文件夹中，可拷贝粘贴到别的位置，甚至可以添加、删除或重命名工具箱中的工具或工具集。用户也可以创建和编辑工具箱的文档并将其添加至 ArcGIS 的在线帮助。当工具执行时，地理处理的窗口会显示处理过程的状态信息。

7.2.3.1　ArcToolbox 基本操作

（1）启动 ArcToolbox

在 ArcGIS 其他模块中单击 ArcToolbox 按钮来启动。

在 ArcToolbox 环境下可以看到（图 7.10），ArcToolbox 由多个工具集（Toolset）构成，能够完成不同类型的任务。每个主工具集中包含着不同级别的子工具集，子工具集又包括若干工具。

（2）激活扩展工具

在 ArcCatalog 中单击 Tool 菜单下的 Extensions 命令，打开 Extensions 对话框。选中 3D Analyst，Spatial Analyst 等复选框，激活这些工具。

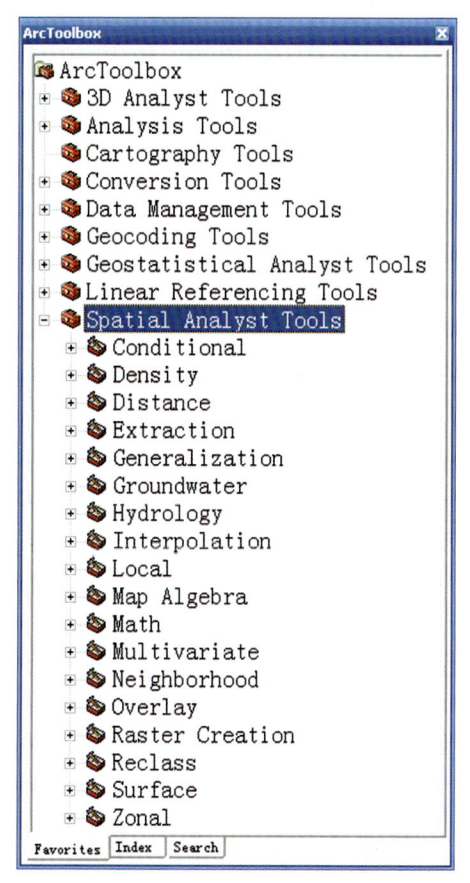

图 7.10　ArcToolbox 窗口

3D Analyst，Spatial Analyst 等工具箱中的工具被激活即可运行，如果没有激活扩展工具，该工具箱中的工具不可运行。

(3) 创建新的 Toolbox

在 ArcToolbox 上右键打开快捷菜单，选择 New Toolbox 命令，在已有工具箱的下方出现一个新的 Toolbox。可在此新的工具箱里建立新模型，或编写新脚本等。

(4) 管理工具

在任意一个 Toolbox 上右键打开快捷菜单，菜单提供的功能主要有：

复制（Copy）命令：复制一个工具箱或者工具。

粘贴（Paste）命令：将复制的工具箱或者工具粘贴到其他工具箱里。

移除（Remove）命令：将不需要的工具箱或者工具移除。

重命名（Rename）命令：重命名工具箱或者工具。

7.2.3.2 ArcToolbox 内容简介

(1) 工具集简介

3D 分析工具（3DAnalyst Tools）：创建和修改 TIN 或栅格表面，并从中抽象出相关信息和属性。

分析工具（Analysis Tools）：提供联合、裁剪、相交、判别、拆分、缓冲区、近邻、点距离、频度、加和统计等一整套的处理方法。

制图工具（Cartography Tools）：根据特定的制图标准进行设计，包含了三种掩膜工具。

转换工具（Conversion Tools）：包含一系列不同数据格式的转换工具，主要有栅格数据，Shapefiles，Coverage，Table，dbase，以及 CAD 到空间数据库（Geoda tabase）的转换等。

Coverage 工具（Coverage Tools）：提供一系列强大的工具来实现各种地理处理过程，且输入输出都只使用 Coverage 文件。主要实现分析、数据管理和转换等功能，通过 Workstation 执行。

数据管理工具（Data Management Tools）：提供丰富且种类繁多的工具用来管理和维护要素类、数据集、数据层以及栅格数据结构。

地理编码工具（Geocoding Tools）：又叫地址匹配，是建立地理位置坐标与给定地址一致性的过程。给各个地理要素进行编码操作，建立索引等。

地统计分析工具（Geostatistical Analyst Tools）：可以创建一个连续表面或者地图，用于可视化及分析。

线性要素工具（Linear Referencing Tools）：生成和维护线状地理要素的相关关系，如实现由线状 Coverage 到路径（Route），由路径事件（Event）属性表到地理要素类的转换等。

空间分析工具（Spatial Analyst Tools）：提供丰富的工具来实现基于栅格的分析。在 GIS 三大数据类型中，栅格数据结构提供了用于空间分析的最全面的模型环境。

空间统计工具（Spatial Statistics Tools）：包含分析地理要素分布状态的一系列统计工具，能够实现多种适用于地理数据的统计分析。

（2）环境设置介绍

对于一些特殊模型或者有特殊要求的计算，需要对输出数据的范围、格式等进行调整，ArcToolbox 提供了一系列环境设置，可帮助完成此类问题。在 ArcToolbox 中任意打开一个工具，点击对话框右下角的 Environments 按钮，打开 Environments Setting 对话框。该窗口提供了五种设置，分别是 General Settings、Coverage Settings、Geodatabase Settings、Raster Analysis Settings 和 Raster Geodatabase Settings。

参 考 文 献

陈慧琳等. 2001. 人文地理学. 北京：科学出版社. 10~25

关伯仁. 2000. 自然环境. 中国大百科全书光盘·环境科学. 1. 北京：中国大百科全书出版社

何努. 2002. 江汉地区//宋豫秦等. 中国文明起源的人地关系简论. 北京：科学出版社. 143

科林·伦福儒，保罗·巴恩. 2004. 考古学理论方法与实践. 陈星灿等译. 北京：文物出版社. 71~116

黎承贤，韩忠厚，苌喜元. 1990. 洛阳. 北京：中国建筑工业出版社

李水城. 2002. 区域对比：环境与聚落的演进. 考古与文物，(6)：33~38

李振泉. 2000. 人地关系论. 中国大百科全书（光盘）·地理学. 1. 北京：中国大百科全书出版社

刘明德，林杰斌. 2006. 地理信息系统 GIS 理论与实务. 北京：清华大学出版社

路平等. 2000. 遥感技术. 中国大百科全书（光盘）·航空航天. 1. 北京：中国大百科全书出版社

陆守一. 2004. 地理信息系统. 北京：高等教育出版社

马至正. 2000. 太行山脉. 中国大百科全书（光盘）·中国地理. 1. 北京：中国大百科全书出版社

宋豫秦等. 2002. 中国文明起源的人地关系简论. 北京：科学出版社

王嗣均. 2000. 聚落. 中国大百科全书（光盘）·地理学. 1. 北京：中国大百科全书出版社

萧树文. 2000. 汾河. 中国大百科全书（光盘）·中国地理. 1. 北京：中国大百科全书出版社

汤国安，杨昕. 2006. ArcGIS 地理信息系统空间分析实验教程. 北京：科学出版社

唐际根等. 1998. 洹河流域区域考古研究初步报告. 考古，(10)：13~22

田泽生. 2000. 秦岭. 中国大百科全书（光盘）·中国地理. 1. 北京：中国大百科全书出版社

夏鼐，王仲殊. 2000. 考古学. 中国大百科全书（光盘）·考古学. 1. 北京：中国大百科全书出版社

徐良高等. 2005. 七星河流域区域调查. 考古学报，(4)：449~484

徐良高等. 2008. 2005 年陕西扶风美阳河流域区域调查报告. 考古（待刊）

浙江文物考古研究所. 2003. 河姆渡. 北京：文物出版社. 292~294

中国社会科学院考古研究所. 2005. 河南洛阳盆地 2001~2003 年考古调查简报. 考古，(5)：18~37

中国社会科学院考古研究所. 1989. 晋南考古调查报告. 考古学集刊，(6)：1~51

Baena J, Blasco C, Recuero V. 1995. The spatial analysis of Bell Beaker sites in the Madrid region//Lock G, Stančič Z (eds.). Archaeology and Geographical Information Systems：A European Perspective. London：Taylor and Francis. 101~116

Church T, Burgett G. 2000. GIS Applications in Archaeology：Method in Search of Theory//Wescott K, Brandon R (eds.). Practical Applications of GIS for Archaeologists：A Predictive Modeling

Kit. London: Taylor & Francis. 135~155

David W, Gillings M. 2002. Spatial Technology and Archaeology——The Archaeological Applications of GIS. London: Taylor & Francis. 201~216

Lund K. 2006. 数字田野建档（刘建国译）. 中国考古学与瑞典考古学. 北京: 科学出版社. 201~210

Kenneth L, Kvamme. 1999. Recent Directions and Developments in Geographical Information Systems. Journal of Archaeological Research, 7 (2): 153~201

Wescott K. 2000. Introduction//Wescott K, Brandon R (eds.). Practical Applications of GIS for Archaeologists: A Predictive Modeling Kit. London: Taylor & Francis. 1~3

Vikkula A. 1994. Stone Age environment and landscape changes on the eastern Finnish Lake District//Johnson I (eds.). Methods in the Mountains: Proceedings of UISPP Commission IV Meeting, Mount Victoria, Australia, Archaeological Methods Series, No. 2. Sydney: Sydney University. 91~98

Kuna M, Adelsbergerová D. 1995. Prehistoric location preferences: An application of GIS to the Vinorsky Potok project, Bohemia, the Czech Republic//Lock, Stančič Z (eds.). Archaeology and Geographical Information Systems: A European Perspective. London: Taylor and Francis. 117~132

Leusen P M van. 1995. GIS and Archaeological Resource Management: A European Agenda//Lock G, Stančič Z (eds.). Archaeology and Geographical Information Systems. London: Taylor & Francis. 27~42

McClung E, Recillas H. 1996. Statistical analysis using GIS in the study of Prehispanic settlement location in the Teotihuacan region, Mexico//Bietti A, Cazzella A, Johnson I, Voorrips A (eds.). The Colloquia of the XIII International Congress of Prehistoric and Protohistoric Sciences: Theoretical and Methodological Problems. ABACO Forli. Italy. 137~148

Savage S H. 1990. GIS in archaeological research//Allen K M S, Green S W, Zubrow E B W (eds.). Interpreting Space: GIS and archaeology. London: Taylor & Francis. 22~32

后　　记

　　本书是在我博士毕业论文的基础上进行较大幅度的修改编写而成，删除了考古学方面的一些基本内容，增加了对 GIS 基本理论、技术、方法和功能等的描述。为了适应社会科学方面读者的特点，本书没有对 GIS 理论中大量的数学公式、算法等进行介绍，而是着重阐述 GIS 的功能与考古 GIS 研究的实例。希望各位同仁阅读之后能够对考古 GIS 研究有比较全面的理解，并将 GIS 技术运用到实际工作之中，共同促成考古 GIS 研究的早日成熟和完善。

　　自从 2004 年 9 月进入中国地质大学（北京）攻读博士学位以来，我受到了很多老师和同学们的诸多指导和关照，使我能够顺利地完成学业，撰写出毕业论文。在此特别感谢我的导师王训练教授和刘少峰教授，两位导师学识渊博，思想精深，让我受益颇丰。感谢中国地质大学（北京）的武法东教授、陈建平教授等，在我的课程学习和论文写作中给予悉心的教导和帮助，使我不但拓宽了知识面，增强了研究能力，而且在课程教学、授课方法等方面也得到提高。

　　在此特别感谢中国社会科学院考古研究所的各级领导和同仁给予我的支持和关心，为我创造了很好的学习和工作环境，提供了难得的学习和研究机会，使我能够按时完成学业，全身心地投入到工作之中。感谢考古研究所的陈星灿、徐良高、唐际根、许宏、何努、李新伟等同仁为我提供原始的田野考古调查资料、交流聚落考古的理论与方法、探讨 GIS 技术与考古学研究的结合等诸多问题。特别感谢徐良高先生多年来的帮助、支持和合作，并为本书的写作提出了很多宝贵的意见。感谢北京大学考古文博学院和中国文物研究所领导和同仁的支持与抬举，为我提供了大量的学习与交流的机会，使我受益匪浅。同时感谢加拿大英属哥伦比亚大学荆志淳先生多年来的大力支持。

　　我于 1989 年 7 月进入中国社会科学院考古研究所参加工作，至今

后　记

已整整 18 载。工作内容涉及考古测绘、遥感、地理信息系统与计算机图形图像学等诸多方面，近年来将工作精力主要集中在考古 GIS 方面的研究中，取得了一些进展，但同时也深深觉得自身力量的单薄和考古学方面知识的欠缺，加之多年来的工科方面学习与工作经历，以致于我的语言文字功底比较欠缺。本书几个区域的实例研究总觉得应该能够更深入一些，透彻一些，但是却始终未能如愿以偿。由于时间仓促，本书错误之处在所难免，只能敬请各位同仁多加指正！

作　者

2007 年 8 月 28 日